岩井紀子・保田時男 編
編集協力 大阪商業大学 JGSS研究センター

データで見る
東アジアの家族観
東アジア社会調査による日韓中台の比較

ナカニシヤ出版

まえがき

　本書は，日本・韓国・中国・台湾の研究チームが共同で取り組んでいる東アジア社会調査 East Asian Social Survey（EASS）の最初のデータである「EASS 2006 東アジアの家族」(Families in East Asia) に基づいて，回答の分布を紹介したものです。4つの国と地域で共通して尋ねた約60の設問を6つの分野――家族観，出生・子ども観，結婚観・離婚観，配偶者選択・夫婦関係，家族行動，世代間援助――に分けて，それぞれの設問に対する回答分布を図表で比較しながら解説しています。

　EASS プロジェクトに参加している4チームはいずれも，1972年から継続しているアメリカの総合的社会調査 General Social Survey（GSS）を範として，それぞれの国と地域において，ほぼ毎年，全国規模の総合的社会調査を実施しています。そして，私たち日本版総合的社会調査 Japanese General Social Surveys（JGSS）のチームが，2003年6月に大阪商業大学で開催した「JGSS 国際シンポジウム 2003」を契機として，国際比較を行なう計画が始まりました。他の3チームは，1984年から Taiwan Social Change Survey（TSCS）を実施している台湾チーム（中央研究院社会学研究所），2003年に Korean General Social Survey（KGSS）を開始した韓国チーム（成均館大学 Survey Research Center），同じく 2003年に Chinese General Social Survey（CGSS）を開始した中国チーム（香港科技大学調査研究中心・中国人民大学社会学部）です。なお，JGSS は，2000年に第1回調査を実施しています。

　EASS プロジェクトでは，4チームがテーマを決め，議論とプリテストを重ね，約60問からなる設問群（モジュール）を作成し，各チームの調査に組み込んでデータを収集しました。そしてそのデータを合わせて統合データを作成し，国際比較分析に取り組んだ後，世界の研究者に統合データを公開しています。2006年の第1回のテーマは，本書が取り上げている「東アジアの家族」ですが，2008年のテーマは「東アジアの文化とグローバリゼーション」(Culture and Globalization in East Asia) で，各チームがデータのクリーニングをしているところです。2010年のテーマは「東アジアにおける健康と社会」(Health and Society in East Asia) で，4チームの間で設問の検討を重ねています。

　参加チームが共通の調査票を練り上げて国際比較調査を実施するプロジェクトとしては，1973年に発足した「ユーロ・バロメーター」(Eurobarometer) が先駆けですが，1981年にミシガン大学の Ronald Inglehart 教授を中心に発足した「世界価値観調査」(World Values Survey) は，2005年には 52ヶ国・地域が参加する規模となり，1984年に GSS を範とする4ヶ国で始まった「International Social Survey Programme」(ISSP) は，2006年には 34ヶ国が参加するプロジェクトに育っています。

　アジアにおいても，2000年には国立台湾大学と中央研究院政治学研究所が中心となり「東アジア・バロメーター」(East Asia Barometer) が開始され，2003年には中央大学の猪口孝教授を研究代表とする「アジア・バロメーター」(AsiaBarometer) が開始されました。前者は 2003年に South Asia Barometer と合併して「アジアン・バロメーター」(Asian Barometer) と名称を変え，2007年時点で 13ヶ国・地域が参加しています。後者は 2006年時点で7ヶ国・地域を対象としています。この他に，1時点の国際比較調査としては，2002年から 2005年にかけて6ヶ国・地域を対象として統計数理研究所が実施した「東アジア価値観国際比較調査」(East Asia Value Survey)，2005年に日本・韓国・台湾を対象に実施された「2005年社会階層と社会移動調査」(Social Stratification and Social Mobility Survey：SSM) があります。

■ 東アジアにおける国際比較調査：調査企画・研究代表

調査名	調査企画・運営主体	日本の研究代表	日本の調査実施機関
世界価値観調査 2005	World Values Survey Executive Committee	山﨑聖子（電通総研スーパーバイザー）	日本リサーチセンター
ISSP2006「政府の役割」	The ISSP Secretariat	荒牧央（NHK放送文化研究所研究員）	中央調査社
第2回アジアン・バロメーター（東アジア・バロメーター）	Asian Barometer Core Partners	池田謙一（東京大学大学院人文社会系研究科教授）	中央調査社
アジア・バロメーター 2006	中央大学猪口研究室	猪口孝（中央大学教授）	日本リサーチセンター
東アジア価値観国際比較調査	統計数理研究所	吉野諒三（統計数理研究所教授）	新情報センター
2005年社会階層と社会移動調査	2005年社会階層と社会移動調査研究会	佐藤嘉倫（東北大学大学院文学研究科教授）	中央調査社

■ 東アジアにおける国際比較調査：調査概要

調査名	参加国・地域[1]	目標対象者数（年齢）	回答者数（回答率）[2]	調査方法[2]
世界価値観調査 2005	<u>日本</u>, <u>韓国</u>, <u>中国</u>他計52ヶ国・地域	1,000人（18歳〜）	1,000（−）	郵送法
ISSP2006「政府の役割」	<u>日本</u>, <u>韓国</u>, <u>台湾</u>他計34ヶ国・地域	1,000〜1,400人（成人）	1,231（−）	留置法
第2回アジアン・バロメーター（東アジア・バロメーター）	<u>日本</u>, <u>韓国</u>, <u>台湾</u>, <u>中国</u>, 香港, カンボジア, インドネシア, マレーシア, モンゴル, フィリピン, シンガポール, タイ, ベトナム	1,200人（選挙権が認められる年齢）	1,067（42.7%）	面接法
アジア・バロメーター 2006	<u>日本</u>, <u>韓国</u>, <u>台湾</u>, <u>中国</u>, 香港, ベトナム, シンガポール	1,000〜2,000人（20〜69歳）	1,003（−）	面接法
東アジア価値観国際比較調査	<u>日本</u>, <u>韓国</u>, <u>台湾</u>, <u>中国</u>（北京, 上海）, 香港, シンガポール	1,200人（20歳以上, 中国は18歳以上）	787（65.6%）	面接法
2005年社会階層と社会移動調査	<u>日本</u>, <u>韓国</u>, <u>台湾</u>	5,200〜14,140人（20〜69歳）	5,742（44.1%）	面接法

1) 下線はEASSに参加している国・地域。
2) 回答者数・調査方法は日本でのものであり，他の国・地域では異なることがある。

［資料］

Minato, Kunio, 2008, "Cross-national Social Survey in East Asia: World Values Survey, ISSP, AsiaBarometer, Asian Barometer, East Asia Value Survey and EASS," 大阪商業大学比較地域研究所・東京大学社会科学研究所編『JGSS Research Series No.4：日本版General Social Surveys 研究論文集［7］JGSSで見た日本人の意識と行動』pp.159-193.

Ikeda, Ken'ichi, Masashiro Yamada, Naoko Taniguchi, Yoshitaka Nishizawa, and Gill Steel, 2007, "Japan Country Report: Second Wave of Asian Barometer Survey," *Asian Barometer Working Paper Series* No. 32.

各ウェブサイトおよび2005年SSM調査コードブック

［URL］

アジア・バロメーター（AsiaBarometer）：https://www.asiabarometer.org/
アジアン・バロメーター（Asian Barometer）：http://www.asianbarometer.org/
東アジア・バロメーター（East Asia Barometer）：http://eacsurvey.law.ntu.edu.tw/
東アジア価値観国際比較調査（East Asia Value Survey）：http://www.ism.ac.jp/~yoshino/ea/
International Social Survey Programme：http://www.issp.org
世界価値観調査（World Values Survey）：http://www.worldvaluessurvey.org/
社会階層と社会移動調査（Social Stratification and Social Mobility Survey）：http://www.sal.tohoku.ac.jp/21coe/ssm/

EASSプロジェクトは，これらのプロジェクトに比べて，参加している国・地域の数は少ないですが，東アジア社会に特有の問題や関心に基づいて，徹底した議論とプリテストを行なった上でモジュールを作成し，各国・地域を代表するサンプルを厳密に抽出し，実査とデータクリーニングについても徹底した管理を行なっています。またそれぞれのチームが独自に予算を確保して調査を実施しているので，継続性を前提として，お互いに対等な立場で議論を行なっています。EASSの事務局は，4チームが2年交代で担当し，事務局長は，2004-2005年はKGSSのKIM, Sang-Wook成均館大学准教授が，2006-2007年はTSCSのCHANG, Chin-Fen中央研究院社会学研究所研究員が，2008-2009年は，大阪商業大学JGSS研究センターの岩井紀子が務めています。また，各モジュール毎に，事務局と同じチームから，モジュール作成会議の議長を出しています。

本書で取り上げている「東アジアの家族」モジュールの作成は，EASSの最初の試みであったこと，家族構成や世代間援助の設問を組み込んだのでモジュールの構造が複雑であったこと，さらに，東アジアの域内とはいえ，それぞれの国・地域における家族行動や家族意識の違いを反映して研究者の関心がかなり異なったことなどから，非常に難航しました。2004年7月の北京会議，11月のソウル会議，2005年6月のソウル会議，10月の大阪会議での白熱した議論に加えて，おびただしい数のメールが交わされ，議長が交代することも経験しました。紆余曲折をへて，KIM事務局長のリーダーシップの下で，モジュールの完成にこぎつけました。共通言語は英語ですが，時折，お互いにどのように表記するのかを漢字で確認しました。2006年6月14日に完成したモジュールの表紙には，「正真正銘の最終版（と思われる）」(Final Version：Seems to be truly final version) と記載されています。

各チームのデータを統合した後も，無回答や非該当のコーディングについての認識の違いなどから，議論を通してルールを確立し，クリーニングを繰り返して，2008年9月に統合データが完成しました。データのクリーニングにあたっては，JGSS研究センターの保田時男大阪商業大学講師が尽力されました。EASS 2006統合データは，EASSのセントラル・アーカイブである，East Asian Social Survey Data Archive（http://www.eass.info/）から利用できますので，本書を読んで関心を持たれた方は，是非，利用してください。日本語版のコードブックはJGSSが刊行しています。

EASSプロジェクトは，最初に構造の複雑なモジュールに取り組む中で，議論を進める際の手順やルールが確立してきたこともあり（修正提案には必ずプリテストや先行研究のデータを添付するなど），2回目のCultureモジュールではかなりスムーズに進行するようになりました。3回目のHealthモジュールではさらに効率的になり，モジュールに組み込むトピックを早い段階で絞り込み，設問の微調整に時間を使うことができるようになりました。

JGSSは，1998年秋のプロジェクトの開始から2009年3月まで2期10年にわたり，文部科学省から「私立大学学術研究高度化推進事業 学術フロンティア推進拠点」に指定されて，研究助成を受けてきました。JGSSの継続とEASSへの展開は，この助成なくしては実現しえなかったものです。拠点の審査に当たられた関係各部門の方々，プロジェクトのメンバーとして活躍くださったさまざまな大学・研究機関の研究者の方々，プロジェクトの開始から共同研究のパートナーとして協力してくださっている東京大学社会科学研究所とその研究者の方々，そして，経済的にも人的資源においてもプロジェクトを支え続けてくださった大阪商業大学の各部門の方々に，厚く御礼申し上げます。また，これまでJGSSの調査に御協力くださった2万人を超える調査対象者の皆様に，心から御礼申し上げま

す。

　JGSS 研究センターは，2008 年 6 月に文部科学省から「人文学及び社会科学における共同研究拠点の整備の推進事業」の拠点に採択され，2008 年 10 月には文部科学大臣から「日本版総合的社会調査」の共同研究拠点に認定されました。本書は，共同研究拠点として刊行する最初の図書になります。

　本書の基になる構想は，JGSS が 2008 年 6 月に開催した「JGSS 国際シンポジウム 2008」のパネルディスカッション「東アジアの家族の比較——EASS 2006 から」で生まれたものです。シンポジウムに参加できなかった研究者や一般の方々に，ぜひとも，EASS の研究成果による各国・地域の人々の家族観ならびに家族行動をお知らせしたかったことに端を発します。

　本書の刊行は，大阪商業大学 JGSS 研究センターの研究員の尽力によるものです。図表の基となる数値の作成は，同センターの佐々木尚之ポスト・ドクトラル研究員，図表の作成は，埴淵知哉ポスト・ドクトラル研究員，本文の執筆は保田時男講師，コラムの執筆は宍戸邦章講師，調査内容・調査方法の執筆は岩井紀子によるものです。

　JGSS 研究センターは，今後，共同研究拠点としての研究体制をさらに充実・強化し，国内外の研究機関・研究者との共同研究を推進する役割に邁進し，新たな展開を図ることを目指しております。

岩井紀子
日本版総合的社会調査共同研究拠点
大阪商業大学 JGSS 研究センター長
2009 年 3 月

目　次

まえがき i
執筆者紹介 viii

1章　EASS 2006 の概要

1.1　調査内容・調査方法 2
1.2　回答者の基本属性 8

2章　家族観

2.1　自分の幸福よりも，家族の幸福や利益を優先するべきだ 14
2.2　親の誇りとなるように，子どもは努力するべきだ 15
2.3　夫と妻の両方の親族が，妻の助けを必要としているときには，
　　　妻は夫の親族を優先して助けるべきだ 16
2.4　あなたは一般に，三世代同居は望ましいことだと考えますか 17
2.5　長男が，多くの財産を相続するべきだ 18
2.6　親の世話をした子どもが，多くの財産を相続するべきだ 19
2.7　どのような状況においても，父親の権威は尊重されるべきだ 20
2.8　妻にとっては，自分自身の仕事よりも，
　　　夫の仕事の手助けをする方が大切である 21
2.9　夫は外で働き，妻は家庭を守るべきだ 22
2.10　景気がわるいときには，男性よりも女性を先に解雇してよい 23
2.11　夫婦の働き方 24
2.12　子どものしつけや教育については，
　　　主にどなたが決めていますか（決めていましたか） 26

3章　出生・子ども観

3.1　子どもの数 28
3.2　一般に，家庭にとって理想的な子どもの数は何人だと思いますか .. 29
3.3　もし，子どもを1人だけもつとしたら，
　　　男の子を希望しますか，女の子を希望しますか 30
3.4　結婚しても，必ずしも子どもをもつ必要はない 32
3.5　家系の存続のためには，息子を少なくとも1人もつべきだ 33

4章　結婚観・離婚観

- 4.1　結婚している男性は，結婚していない男性より幸せだ …… 36
- 4.2　結婚している女性は，結婚していない女性より幸せだ …… 37
- 4.3　夫は，妻より年上であるべきだ …… 38
- 4.4　夫と妻の年齢差 …… 39
- 4.5　結婚するつもりがなくても，男女が同棲するのはかまわない …… 41
- 4.6　結婚生活がうまくいかなくなったら，たいていの場合，離婚するのが一番よい …… 42
- 4.7　離婚したくても，子どもが大きくなるまで待つべきだ …… 43

5章　配偶者選択・夫婦関係

- 5.1　あなたは配偶者の方とどのようなかたちで出会いましたか …… 46
- 5.2　どなたがお相手を紹介したり，見合いの準備をしたりしましたか …… 48
- 5.3　どこで配偶者の方と出会いましたか …… 49
- 5.4　あなたが配偶者の方との結婚を決めた時，あなたの親の意見はどの程度影響しましたか …… 50
- 5.5　現在の結婚は，あなたにとって初めての結婚ですか …… 51
- 5.6　あなたの配偶者は，あなたの悩みを聞いてくれますか …… 52
- 5.7　あなたの配偶者は，あなたに悩みを打ち明けてくれますか …… 54
- 5.8　あなたは，現在の結婚生活に全体として満足していますか …… 56

6章　家族行動

- 6.1　あなたの家では，あなたを含めて家族一緒に夕食をとることがどのくらいありますか …… 60
- 6.2　あなたの家では，あなたを含めて家族一緒にレジャー活動を行なうことがどのくらいありますか …… 61
- 6.3　男性はもっと家事をするべきだ …… 62
- 6.4　あなたは，どのくらいの頻度で家事をしていますか（既婚者） …… 63
- 6.5　あなたは，どのくらいの頻度で家事をしていますか（未婚者） …… 66

7章　世代間援助

- 7.1　子どもの住居との距離 …… 70
- 7.2　親の住居との距離 …… 71
- 7.3　未婚の男性は，自分の親を経済的に支援すべきだ …… 72
- 7.4　未婚の女性は，自分の親を経済的に支援すべきだ …… 73

7.5	結婚した男性は，自分の親を経済的に支援すべきだ	*74*
7.6	結婚した女性は，自分の親を経済的に支援すべきだ	*75*
7.7	結婚した男性は，妻の親を経済的に支援すべきだ	*76*
7.8	結婚した女性は，夫の親を経済的に支援すべきだ	*77*
7.9	一般的に，年老いた親の世話は，どの子どもに責任があると思いますか	*78*
7.10	あなたの親の世話については，主にどなたが決めていますか（決めていましたか）	*79*
7.11	過去1年間に，あなたはご自身の親へ，経済的な支援をどの程度しましたか	*80*
7.12	過去1年間に，あなたはご自身の親へ，家事や介護の支援をどの程度しましたか	*81*
7.13	過去1年間に，あなたの親はあなたへ，経済的な支援をどの程度しましたか	*82*
7.14	過去1年間に，あなたの親はあなたへ，家事や育児の支援をどの程度しましたか	*83*
7.15	親との援助関係ときょうだい順位	*84*
7.16	過去1年間に，あなたはもっともよく接している子どもへ，経済的な支援をどの程度しましたか	*86*
7.17	過去1年間に，あなたはもっともよく接している子どもへ，家事や育児の支援をどの程度しましたか	*87*
7.18	過去1年間に，あなたがもっともよく接している子どもはあなたへ，経済的な支援をどの程度しましたか	*88*
7.19	過去1年間に，あなたがもっともよく接している子どもはあなたへ，家事や介護の支援をどの程度しましたか	*89*
7.20	過去1年間に，あなたは配偶者の親へ，経済的な支援をどの程度しましたか	*90*
7.21	過去1年間に，あなたは配偶者の親へ，家事や介護の支援をどの程度しましたか	*91*
7.22	過去1年間に，配偶者の親はあなたへ，経済的な支援をどの程度しましたか	*92*
7.23	過去1年間に，配偶者の親はあなたへ，家事や育児の支援をどの程度しましたか	*93*
7.24	配偶者の親との援助関係ときょうだい順位	*94*

コラム1	「どちらともいえない」の多い日本人	*96*
コラム2	国際調査における翻訳の工夫	*99*
引用・参考文献		*102*
EASS 2006 調査票と本書のセクション番号との対応表		*103*
索引		*106*

■編者・執筆者・協力者紹介（編者*）

岩井紀子*　（いわい　のりこ）
　　生　　年　　1958 年
　　最終学歴　　スタンフォード大学大学院社会学研究科博士課程単位取得退学
　　現　　職　　大阪商業大学 JGSS 研究センター長・総合経営学部教授
　　主　　著　　『日本人の姿　JGSS にみる意識と行動』（編著，有斐閣，2002 年）
　　　　　　　　『日本人の意識と行動—日本版総合的社会調査 JGSS による分析』（編著，東京大学出版会，2008 年）

保田時男*　（やすだ　ときお）
　　生　　年　　1975 年
　　最終学歴　　大阪大学大学院人間科学研究科博士後期課程単位取得退学
　　現　　職　　関西大学社会学部 准教授，大阪商業大学 JGSS 研究センター 嘱託研究員
　　主　　著　　『調査データ分析の基礎—JGSS データとオンライン集計の活用』（共著，有斐閣，2007 年）
　　　　　　　　『現代日本人の家族—NFRJ からみたその姿』（共著，有斐閣，2009 年）

宍戸邦章　（ししど　くにあき）
　　生　　年　　1977 年
　　最終学歴　　同志社大学大学院文学研究科博士課程修了 博士（社会学）
　　現　　職　　大阪商業大学 JGSS 研究センター運営委員・総合経営学部准教授
　　主　　著　　「高齢期における共活動の意味—遊縁派と志縁派の老い方の考察から」（『ソシオロジ』2004 年）
　　　　　　　　「高齢者の社会的サポート・ネットワークと社会保障政策への意識—JGSS-2010 に基づく分析」（『季刊社会保障研究』2012 年）

佐々木尚之　（ささき　たかゆき）
　　生　　年　　1977 年
　　最終学歴　　テキサス大学オースティン校 Human Development and Family Sciences（Ph.D.）
　　現　　職　　大阪商業大学 JGSS 研究センター運営委員・総合経営学部講師
　　主　　著　　"The supermom trap: Do involved dads erode moms' self-competence?"（*Personal Relationships*, forthcoming, 2010 年）
　　　　　　　　「不確実な時代の結婚—JGSS ライフコース調査による潜在的稼得力の影響の検証」（『家族社会学研究』2012 年）

埴淵知哉　（はにぶち　ともや）
　　生　　年　　1979 年
　　最終学歴　　京都大学大学院文学研究科博士後期課程修了 博士（文学）
　　現　　職　　中京大学国際教養学部准教授，大阪商業大学 JGSS 研究センター嘱託研究員
　　主　　著　　『ソーシャル・キャピタルの潜在力』（共著，日本評論社，2008 年）
　　　　　　　　「GaWC による世界都市システム研究の成果と課題—組織論および NGO 研究の視点から」（『地理学評論』2008 年）

第 1 章

EASS 2006 の概要

1.1 調査内容・調査方法

　East Asian Social Survey（EASS）は，4つの国と地域（日本・韓国・中国・台湾）の研究チームが実施している全国規模の継続調査に，共通の設問群（モジュール）を組み込むという方法を取っている。4チームが実施している総合的社会調査の概要は，表1-1のとおりである。JGSSは，各対象者に対して，面接法と留置法を併用しているが，他の調査では面接法のみである。JGSSとTSCSは，サンプルを2分割して2種類の調査を行なっており（JGSSの場合，面接調査票は1種類で，留置調査票が2種類），片方にEASSモジュールを組み込んでいる。一方，KGSSはサンプル規模が2,500人であり，サンプルを分割することができない上に，すでにISSP（International Social Survey Programme）モジュールを組み込んでいるために，調査票に余裕がない。そこで，EASSモジュールは約60問（面接で15分以内）に限定している。JGSSとTSCSのように，調査票に余裕がある場合は，各チームの判断で，EASSモジュールと関連する設問を加えている。

■ Family Moduleの作成—サブトピックの選択・スケールの問題・翻訳の問題—

　表1-2は，2003年6月の「JGSS国際シンポジウム2003」を契機として，EASSプロジェクトが立ち上がった時点から，EASS 2006国際統合データを一般公開するまでの過程をまとめたものである。2003年12月にモジュールの最初のテーマを「家族」に決定し，サブトピックを協議し，各チームの提案に基づいてモジュールのたたき台を作成し，プリテストとモジュールの修正を繰り返した。2006年6月にモジュールを確定し，4チームがそれぞれの調査を実施し，データを統合し，クリーニングを重ねた。

　議論が白熱したのは，サブトピックの選定と意見項目のスケールについてであった。韓国と台湾チ

表1-1　4チームが継続的に実施している全国調査の概要

	日本	韓国	中国	台湾
調査名	日本版総合的社会調査（Japanese General Social Surveys）	Korean General Social Survey	中国総合社会調査（Chinese General Social Survey）	台湾社会変遷調査（Taiwan Social Change Survey）
略称	JGSS	KGSS	CGSS	TSCS
http:	//jgss.daishodai.ac.jp/	//kgss.skku.edu/	//www.chinagss.org/	//www.ios.sinica.edu.tw/sc/en/home2.php
調査主体	大阪商業大学JGSS研究センター[1]・東京大学社会科学研究所	成均館大学Survey Research Center	香港科技大学調査研究中心・中国人民大学社会学系	中央研究院社会学研究所
調査方法	面接法と留置法の併用	面接法	面接法	面接法
調査頻度	1999年に2度の予備調査を実施；2000, 2001, 2002, 2003, 2005, 2006, 2008年に本調査を実施；2006年以降，留置調査票は2種類	2002年に予備調査を実施；2003年から毎年本調査を実施；ISSP[2]のモジュールを組み込んでいる	2003年から毎年本調査を実施；2008年からISSP[2]のモジュールを組み込んでいる	1984/85年から基本的に毎年実施；1990年からは調査票は2種類（片方にISSP[2]モジュールを組み込んでいる）

1) 2008年6月までは，大阪商業大学比較地域研究所JGSS部門
2) International Social Survey Programme

第1章 EASS 2006 の概要　3

表1-2　EASS 2006 Family Module の作成から Codebook の刊行まで

	会議名	協議内容など
2003. 6. 21-22	JGSS 国際シンポジウム 2003 "Birth of JGSS and its Fruit"	KGSS と TSCS と中国の調査概要の報告［大阪商業大学］
2003. 11. 21-22	Thematic Lecture Series	JGSS と TSCS と中国の調査概要報告；EASS の立ち上げを決定；初代事務局は KGSS；事務局長は KIM, Sang-Wook［成均館大学 Survey Research Center（ソウル）］
2003. 12. 24	Thematic Lecture on Japanese and Korean Social Surveys	JGSS と KGSS の調査概要報告；EASS 2006 モジュールのテーマを「Family」に決定；議長は KGSS から［中央研究院社会学研究所・調査研究工作室（台北）］
2004. 7. 7-11	第36回世界社会学機構 EASS General Meeting	JGSS, KGSS, TSCS でセッション「General Social Surveys in East Asia」を企画・報告；Family Module のサブトピックを協議［中国社会科学院（北京）］
2004. 11. 18-19	EASS Conference 2004 EASS General Meeting	JGSS, KGSS, TSCS と中国の分析論文報告；Working Principles とサブトピックを協議；JGSS のこれまでの家族設問を提示［成均館大学 SRC（ソウル）］
2005. 2-4	［設問案についてメール上での協議：議長（KGSS）が議論を整理してたたき台や修正案を作成；JGSS と TSCS がコメント］	KGSS 案2/7 → JGSS と TSCS がコメント → KGSS 修正案3/4 → JGSS/TSCS → KGSS 修正案3/22 → TSCS → KGSS 修正3/24 → JGSS → JGSS 修正案4/4 → TSCS → KGSS 修正案4/5 → JGSS → JGSS プリテスト案4/10（意見項目4点尺度）→ KGSS プリテスト案4/21（5点尺度）→尺度と項目について決着つかず
2005. 4-5	EASS 2006 第1回プリテスト実施	JGSS：有意抽出90人；KGSS 提案項目も組み込み，意見項目は4点尺度採用 KGSS：有意抽出72人；一部の設問で4点尺度採用 TSCS：無作為抽出142人；split-ballot で4点と5点尺度をテスト
2005. 6. 19-24	Women's Worlds 2005：International Interdisciplinary Congress on Women	JGSS, KGSS, TSCS でセッション「Gender & Family: Results of National Surveys in Korea, Taiwan and Japan」を企画・報告［梨花女子大学（ソウル）］
2005. 6. 22-23	EASS Drafting Group Meeting	CGSS が加盟；JGSS, KGSS, TSCS がプリテストに基づき修正案を協議；各設問の採択については4チームで投票；意見項目の尺度については JGSS がプリテストにおいて split-ballot で4点・5点・7点 Type A・7点 TypeB 尺度の結果を比較する［成均館大（ソウル）］
2005. 7-8	EASS 2006 第2回プリテスト実施（JGSS）	調査地域：東大阪市（25地点） 調査対象：20～89歳の男女個人1,000人 抽出方法：2段無作為抽出法 調査方法：郵送法 調査内容：EASS 2006「家族に関する意識の設問」 有効回収数（率）：544（54.8%）
2005. 10. 30-31	JGSS Colloquium 2005 EASS General Meeting	JGSS, KGSS, TSCS の分析論文報告；CGSS の調査概要報告；JGSS 第2回プリテストの結果を参照し，Family Module Draft 作成；意見項目の尺度は strongly agree から始まる7点尺度［大阪商業大学］
2005. 11-2006. 6	［メール協議により，各設問の調査対象者の範囲の確定，ワーディングとスケールの調整］	KGSS暫定版11/25 → TSCSコメント → KGSS修正案12/8 → JGSS → KGSS修正案12/15 → TSCS/JGSS → TSCS → KGSS修正案12/27 → JGSS/TSCS → KGSS修正案12/29 → JGSS/TSCS → KGSS修正案1/4/2006 → TSCS/JGSS → TSCS → KGSS修正案1/7 → TSCS → KGSS修正案1/10(Final version) → JGSS → KGSS修正案3/23 → TSCS/KGSS → JGSS → KGSS修正案3/27 → TSCS/JGSS → KGSS修正案4/3 → KGSS修正案4/4 → JGSS/TSCS → KGSS修正案4/5 → JGSS → KGSS修正案4/5 → JGSS → KGSSプリテスト案4/7
2006. 4	EASS 2006 第2回プリテスト実施（TSCS/KGSS）	KGSS：無作為抽出106人 TSCS：無作為抽出168人

2006. 4	EASS 2006 第3回プリテスト実施（JGSS）	有意抽出（139人）
2006. 6	［メール協議により，各チームのプリテストの結果に基づき，最終の微調整］	KGSS修正案6/2 → TSCS/JGSS → KGSS修正案6/8 → JGSS → KGSS修正案6/11 → TSCS → KGSS修正案6/13 → JGSS/TSCS → KGSS（Final version）6/14 → JGSS → KGSS（Seems to be Truly Final version）6/14 → JGSS/TSCS/CGSS了承
2006. 6-8	KGSS-2006 実施（EASS Family Module 含む）	全国；層化3段無作為；2,500人；面接
2006. 7-8	TSCS-2006 実施（EASS Family Module 含む）	全国；層化3段無作為；10,064人；面接（調査票2種類のうちひとつが Family Module）
2006. 9-11	CGSS-2006 実施（EASS Family Module 含む）	全国；層化4段無作為；7,872人；面接
2006. 10-12	JGSS-2006 実施（EASS Family Module 含む）	全国；層化2段無作為；8,000人；面接・留置併用（留置2種類のうちB票が Family Module）
2006. 11	EASS Conference 2006 EASS General Meeting 2006	4チームが分析論文報告；調査状況報告；統合データ作成のスケジュールと手順の確認・統合用プログラム draft 配布［中央研究院（台北）］
2007. 5. 3-5	EASS Drafting Group Meeting 2007	各チームの分析計画報告［中央研究院（台北）］
2007. 10. 15	［4チームのデータが KGSS に集結］	KGSS がデータを統合し，クリーニングを開始
2007 . 7. 17-19	EASS Conference 2007 EASS General Meeting 2007	4チームが Family Module の国内データの分析論文報告［香港科技大学］
2007. 11. 10	JGSS Colloquium 2007 EASS Drafting Group Meeting	4チームが Family Module の国内データの分析論文報告；統合データ作成の状況報告；統合データを公開する EASS Data Archive（DA）の設置を協議；国際会議などでの共同報告・共同執筆の相談［大阪商業大学］
2008. 3. 14-15	東アジアのデータアーカイブに関する国際シンポジウム EASS Meeting	4ヶ国・地域におけるデータアーカイブの状況報告；EASSDA の設置を決定（KGSS 担当）；EASS の Standard Background Variables（SBV）の確認；統合データのクリーニングに際してのコーディングルールの確定［東京大学社会科学研究所］
2008. 6. 7-8	JGSS 国際シンポジウム 2008 開催 "Families in East Asia"	JGSS, KGSS, TSCS が統合データの分析論文報告；統合データの最終クリーニングを JGSS が担当；回収率算出式の確認［大阪商業大学］
2008. 9.	第18回日本家族社会学会	JGSS, KGSS, CGSS が国際交流セッション「東アジアの家族―EASS 2006 を用いて―」を企画・報告［大正大学］
2008. 11. 19-21	EASS Conference 2008 EASS General Meeting 2008	JGSS,KGSS,CGSS が統合データの分析論文報告；EASSDA の運営方針・ホームページ掲載内容の協議［成均館大学 Survey Research Center（ソウル）］
2009. 2	EASS 2006 統合データ公開	East Asian Social Survey Data Archive: http://www.eass.info/
2009. 3	EASS 2006 基礎集計表発行	『East Asian Social Survey: EASS 2006 Family Module Codebook』大阪商業大学 JGSS 研究センター
2009. 3	本書の刊行	『データでみる東アジアの家族観―東アジア社会調査による日韓中台の比較―』ナカニシヤ出版

ームは，世代間援助への関心が非常に強く，日本チームは特定のトピックに特化するのではなく，数問ずつでもさまざまなトピックを取り上げることを主張した。議論を重ねても決着はつかず，最終的には，投票により設問を絞り込んだ（2005年6月）。世代間援助について深く掘り下げているが，配偶者選択，子どもの性別選好，夫婦の役割分担などについても尋ねている。

　一方，意見項目のスケールについては，議論はさらに難航した。日本では，意見への賛否を尋ねら

れると，「強く賛成」「強く反対」などの極端な選択肢は避けられ，「どちらともいえない」などの中間値に回答が集中するので，中間値を入れない4点尺度が用いられることが多い（コラム1 ☞ 96頁）。一方，韓国では，人々は賛否をはっきりと回答する傾向がある。また，JGSS以外の3チームが行なっている面接調査の場合は，スケールを提示せずに，賛否とその程度を尋ねているので，「どちらともいえない」への集中は起こりにくい。表1-2に示すように，2005年4-5月のプリテストでは，KGSSは「賛成」から始まる4点尺度を試し，TSCSはサンプルを2分割して5点だけでなく4点尺度も試したが，両端に回答が偏るなどの結果となった。解決策として，JGSSは，「強く賛成」から始まり，中間値である「どちらともいえない」も含む7点尺度を提案した。さらに2005年6月の2回目のプリテストでサンプルを4分割して，4点・5点・7点（ワーディングの異なる2種類）尺度の結果を比較した。この結果を受けて，EASSの意見項目では，7点尺度のスケールを提示して回答を求めることに決まった。

EASSの共通言語は英語である。英語で作成したモジュールを各国の言語に訳してみると，状況にそぐわない設問も出てきた。そこで，各チームとも，英語と各言語との間の翻訳を繰り返し，4つの社会のいずれにおいても不自然ではないワーディングになるように，英語版の修正を繰り返した。漢字で表記して，意味を確認することも少なくなかった。先行する国際プロジェクトにおいても翻訳に関する問題が生じていたので，EASSはこの点について非常に慎重であった（コラム2 ☞ 99頁）。

■ 調査の内容

このようにして完成したモジュールは，調査データとともにEast Asian Social Survey Data Archive （http://www.eass.info/）で公開されている。組み込まれた項目は下記のとおりである。本書の各セクションが，モジュールのどの項目と対応しているかについては，巻末の対応表を参照されたい。EASS 2006の調査概要を日本語で整理した資料としては，『East Asian Social Survey：EASS 2006 Family Module Codebook』（大阪商業大学JGSS研究センター編，2009）が刊行されているので，参照されたい。

- ●家族人数
- ●きょうだい数，配偶者のきょうだい数
- ●息子・娘の数
- ●世帯員：続柄，性別，年齢，婚姻状態，同別居，別居の場合の理由，就労状態
- ●別居している子ども：性別，出生順，年齢，婚姻状態，就労状態，地理的距離，直接接触頻度，間接接触頻度
- ●対象者の父親・母親：年齢，婚姻状態，就労状態，同居者，地理的距離，直接接触頻度，間接接触頻度
- ●配偶者の父親・母親：年齢，婚姻状態，就労状態，同居者，地理的距離，直接接触頻度，間接接触頻度
- ●親への経済的支援に関する意識
- ●世代間における経済的支援・実践的援助の頻度：実親から対象者，対象者から実親，義親から対象者，対象者から義親，対象者から子ども，子どもから対象者
- ●三世代同居への賛否
- ●老親の世話の責任の所在
- ●父系優先意識，家継承意識
- ●性別役割分業意識，結婚観，離婚観，家族観
- ●理想的な子どもの数，子どもの性別選好
- ●結婚年齢，結婚回数
- ●配偶者との出会い方，結婚時の親の意向の影響
- ●結婚後の実親・義親からの経済援助
- ●家族一緒の夕食・レジャー頻度
- ●夫婦間の意思決定（子どものしつけ，親の世話，高価な品物の購入）
- ●家事頻度（対象者・配偶者）
- ●対象者が配偶者の悩みを聞く程度，配偶者が対象者の悩みを聞く程度

- ●結婚生活への満足度
- ●生活全般への満足感（CGSSのみ，幸福感）
- ●健康状態（対象者・配偶者・実親・義親）
- ●15歳時の居住地の規模

このほか，対象者や配偶者，対象者の両親の基本属性に関する各国・地域共通の変数（Standard Background Variables）として，以下のことを尋ねている。

- ●対象者について：性別，年齢，婚姻状態，教育水準・年数，就労状況（就労上の地位，就労時間，職種，非就労の場合の理由），世帯人数，収入（主な仕事からの収入，世帯収入，主観的な世帯収入の水準），幸福感，宗教，階層帰属意識，居住地の規模
- ●配偶者について：年齢，教育水準，年数，就労状況（就労上の地位，就労時間，職種，非就労の場合の理由），収入（主な仕事からの収入）
- ●両親について：教育水準・年数

■ 調査の方法

家族モジュールを組み込んで，4チームが実施した調査の概要は，表1-3のとおりである。若干の違いはあるものの，各国・地域の成人を統計的に代表する無作為標本が抽出されている。ただし，調査対象者の年齢幅が異なっていることに注意する必要がある。これは，国・地域によって，調査環境および「成人」の定義が異なることによる。中国の調査対象者は69歳以下に限られている。10歳刻

表1-3 各国・地域が実施した調査の概要

	日本	韓国	中国	台湾
調査名	JGSS	KGSS	CGSS	TSCS
調査方法	面接法と留置法の併用	面接法	面接法	面接法
実施時期	2006年10〜12月	2006年6〜8月	2006年9〜11月	2006年7〜8月
調査対象	20〜89歳の男女	18歳以上の男女	18〜69歳の男女	19歳以上の男女
抽出方法	層化2段無作為抽出	層化3段無作為抽出	層化4段無作為抽出	層化3段無作為抽出
計画標本	3,998	2,500	7,872	5,032
有効回答数	2,130	1,605	3,208	2,102
回収率*	59.8%	65.7%	38.5%	42.0%

* 各チームが報告している値に基づいており，それぞれ算出方法は異なる。

表1-4 年齢分布（全サンプル）

	19歳以下	20-29歳	30-39歳	40-49歳	50-59歳	60-69歳	70歳以上	合計（人）（%）
日本	0	226	329	327	433	441	374	2,130
	0.0	10.6	15.4	15.4	20.3	20.7	17.6	100.0
韓国	47	281	389	419	196	145	128	1,605
	2.9	17.5	24.2	26.1	12.2	9.0	8.0	100.0
中国	98	575	759	734	649	393	0	3,208
	3.1	17.9	23.7	22.9	20.2	12.3	0.0	100.0
台湾	58	418	399	444	351	212	220	2,102
	2.8	19.9	19.0	21.1	16.7	10.1	10.5	100.0
合計	203	1,500	1,876	1,924	1,629	1,191	722	9,045
	2.2	16.6	20.7	21.3	18.0	13.2	8.0	100.0

みで回答者の年齢層をわけると，表 1-4 のようになる。それぞれの国・地域の年齢幅が異なるデータを比較することは難しいので，本書では分析対象を 20 ～ 69 歳に限定している。この年齢幅は，すべての国・地域で調査されている範囲である。表 1-5 には，家族モジュールの作成と調査の実施に関わったすべての研究者を挙げている。

表 1-5 EASS 2006 メンバー一覧

チーム	氏 名		所属機関名・役職名
JGSS	谷岡　一郎	TANIOKA, Ichiro	大阪商業大学 学長・教授
	仁田　道夫	NITTA, Michio	東京大学社会科学研究所 教授
	前田　幸男	MAEDA, Yukio	東京大学大学院情報学環（社会科学研究所と兼任）准教授
	岩井　紀子	IWAI, Noriko	大阪商業大学 JGSS 研究センター長・総合経営学部 教授
	保田　時男	YASUDA, Tokio	大阪商業大学 JGSS 研究センター研究員・総合経営学部 講師
	宍戸　邦章	SHISHIDO, Kuniaki	大阪商業大学 JGSS 研究センター研究員・総合経営学部 講師
	小島　宏	KOJIMA, Hiroshi	早稲田大学社会科学総合学術院 教授
	平尾　桂子	HIRAO, Keiko	上智大学文学部 教授
	南部　広孝	NANBU, Hirotaka	京都大学大学院教育学研究科 准教授
	田渕　六郎	TABUCHI, Rokuro	上智大学総合人間科学部 准教授
	筒井　淳也	TSUTSUI, Jun'ya	立命館大学産業社会学部 准教授
KGSS	金　相旭	KIM, Sang-Wook	成均館大学 Survey Reseach Center 主席研究員・社会学部 准教授
	殷　棋洙	EUN, Ki-Soo	ソウル国立大学 准教授
	韓　慶惠	HAN, Gyounghae	ソウル国立大学人間生態学部 教授
	金　碩鎬	KIM, Seok-Ho	成均館大学 Social Research Center 特任教授
CGSS	邊　燕杰	BIAN, Yanjie	中国人民大学呉玉章講座 教授 ミネソタ大学社会学部 教授
	李　路路	LI, lulu	中国人民大学社会学系 教授
	馮　仕政	FENG, Shizheng	中国人民大学社会学系 准教授
	郝　大海	HAO, Dahai	中国人民大学社会学系 准教授
	黄　盈盈	HUANG, Yingying	中国人民大学社会学系 准教授
	劉　精明	LIU, Jingming	中国人民大学社会学系 教授
	陸　益龍	LU, Yilong	中国人民大学社会学系 准教授
	王　衛東	WANG, Weidong	中国人民大学社会学系 准教授
	謝　桂華	XIE, Guihua	中国人民大学社会学系 准教授
	楊　菊華	YANG, Juhua	中国人民大学社会学系 教授
TSCS	傅　仰止	FU, Yang-Chih	中央研究院社会学研究所 研究員
	張　晉芬	CHANG, Chin-Fen	中央研究院社会学研究所 研究員
	杜　素豪	TU, Su-Hao	中央研究院人文社会科学研究中心調査研究専題中心 副研究員
	伊　慶春	YI, Chin-Chun	中央研究院社会学研究所 研究員
	章　英華	CHANG, Ying-Hwa	中央研究院社会学研究所 研究員
	陳　肇男	CHEN, Chao-Nan	亜洲大学 教授
	陳　玉華	CHEN, Yu-Hua	国立台湾大学生物産業伝播発展学系 助教
	鄭　麗珍	CHENG, Li-Chen	国立台湾大学社会工作学系 教授
	林　如萍	LIN, Ju-Ping	国立台湾師範大学人類発展家族学系 准教授
	呂　寶靜	LU, Bao-Ching	国立政治大学社会行政社会工作研究所 教授
	陸　洛	LU, Luo	国立台湾大学管理学院工商管理学系 教授
	葉　光輝	YEH, Kuang-Hui	中央研究院民族学研究所 研究員

1.2 回答者の基本属性

それぞれの調査項目の集計・分析に先立って，基本的な属性（性別・年齢・家族構成・婚姻状態）の構成を確認しておこう。

すでに記したように，本書の分析では対象を20〜69歳の回答者に限定する。細かい年齢の分布を整理すると図1-1のようになり，共通の年齢幅でもその中の構成が大きく異なることがわかる。特に，日本のデータが高齢に偏っていることは特徴的であり，50代と60代で半数を占める。逆に韓国は50〜60代が少なく，30〜40代の中年層が多い。中国・台湾は比較的バランスがとれているが，台湾ではやや20代の若年者が多い。

分析対象とするサンプルについて情報を整理すると，表1-6のようになる。日本・韓国・台湾ではサンプル・サイズが1,500前後であるが，中国はおよそ2倍のサイズになる。先ほども年齢構成でみたように，平均年齢は日本が47.8歳と高いことが目立つ。性別については，やや女性が多いものの大きな偏りはない。学校教育の年数は日本と韓国で長く，台湾，中国と続く。男女の教育年数の差はそれぞれの国・地域で1年前後であるが，日本では差が0.6年とやや小さい。

次に，家族構成について確認しよう。家族の人数の分布は図1-2のとおりであり，国・地域によってその構成が大きく異なっている。日本や韓国では5人以上の家族をもつ人々は2割前後にとどまるのに対して，中国と台湾では4割程度の人々が5人以上の家族をもっている。また，韓国は4人家族の割合が極端に高く，半数近くを占めている。いずれの国・地域でも一人暮らしの割合は数％と少数である。

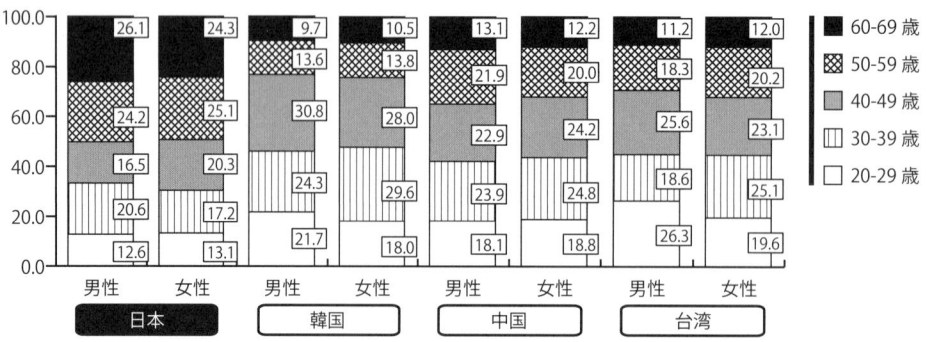

図1-1 年齢分布（分析対象：20-69歳）

表1-6 回答者（分析対象：20-69歳）

		日本	韓国	中国	台湾
サンプルサイズ		1,756	1,430	3,110	1,824
年齢		47.8	41.2	42.9	42.0
性別（女性）		55%	55%	55%	50%
教育年数	男性	13.1	13.2	9.1	11.8
	女性	12.5	12.1	7.9	10.9

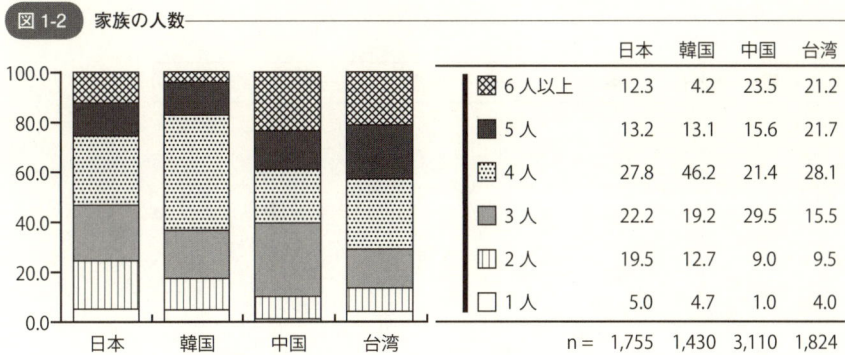

図 1-2 家族の人数

	日本	韓国	中国	台湾
6人以上	12.3	4.2	23.5	21.2
5人	13.2	13.1	15.6	21.7
4人	27.8	46.2	21.4	28.1
3人	22.2	19.2	29.5	15.5
2人	19.5	12.7	9.0	9.5
1人	5.0	4.7	1.0	4.0
n =	1,755	1,430	3,110	1,824

　いま，家族の人数について調べたが，誰を自分の家族として数えるかという基準は意外とあいまいである。たとえば，大学に通うために親もとを離れた子どもは家族なのかどうか迷ったりする。文化が異なれば，家族の定義のあいまいさも大きくなる。回答者の主観をとおさない情報として，客観的な同居者について比較した結果が，表1-7である。配偶者・子どもとの同居率が高いことは，4つの国・地域で共通している。配偶者との同居率の違いは，後に出てくる婚姻状態の違い（図1-6 ☞ 12頁）でほぼ説明できるので，いずれかの国・地域で別居夫婦が多いということではない。台湾では，親・きょうだい・その他との同居率が高いことが目立つ。図1-2において台湾の家族人数が多いのは，客観的な同居世帯員の規模を反映しているようである。これに対して，同様に図1-2において主観的な家族人数が多かった中国では，同居率がむしろ低く，子ども・親・きょうだいとの同居率は4つの国・地域のなかで最低である。中国の家族人数が多いのは，主観的に家族の定義が広いということのようである。

　客観的な同居世帯について，もう少し詳しい状況を調べてみよう。図1-3は，回答者の年齢による同居率の違いを示している。配偶者との同居率の推移は，婚姻状態の変化を反映しているもので，4つの国・地域で大きな違いはない。子どもとの同居率は台湾がかなり異質である。他の国・地域では50〜60代になると子どもが自立して同居率が下がるのに対して，台湾ではほとんど変化なく同居が続いている。また，親やきょうだいとの同居についても台湾で若年者の同居率が高いことは，この裏返しであろう。義理の親との同居率は，日本の40代や台湾の30代で比較的高い値を示している。

　同居者の組み合わせによって，人々が暮らす世帯を表1-8のように7つの類型にわけてみよう。この表では，それぞれの類型で○印がついている続柄の人々と同居していることを表している。印がついていない場合には同居しておらず，括弧つきの○印は同居している場合もしていない場合もあるこ

表 1-7 誰と同居しているか

	配偶者	子ども	親	義理の親	きょうだい	その他
日本	72.8	55.7	21.5	8.2	8.7	11.0
韓国	64.8	58.1	16.2	3.2	10.6	5.9
中国	76.2	53.9	12.2	4.4	3.1	12.4
台湾	61.2	58.9	32.7	7.3	22.2	20.7

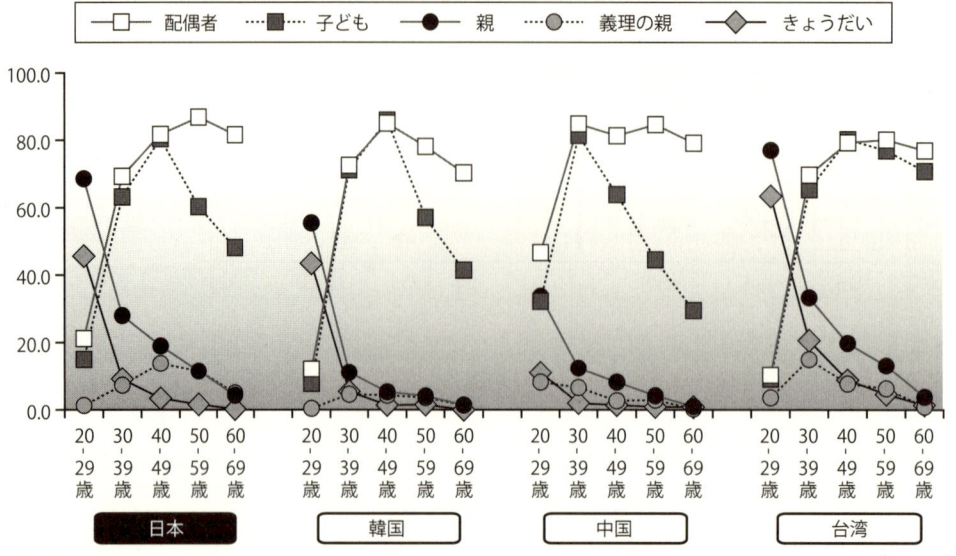

図1-3 誰と同居しているか（年齢別）

表1-8 世帯類型（設定方法）

	世帯員					
	配偶者	親・義理の親	子ども	子どもの配偶者	孫	その他
A 未婚・親やきょうだいなどと同居		○				(○)
B 既婚・未婚の子と同居	(○)		○			
C 既婚・親と同居	○	○	(○)			
D 既婚・既婚の子と同居	(○)		○	○	(○)	
E 既婚・配偶者と2人	○					
F 単身						
G その他	上記以外					

とを意味している。たとえば，「C 既婚・親と同居」の場合，自分の配偶者および親（または義理の親）と同居しており，自分の子どもとは同居している場合もしていない場合もある。他には同居者はいない。例外は多いが，自分が育った家族との暮らし（A 未婚・親やきょうだいなどと同居）から始まって，ライフステージの進行と対応したさまざまな類型を設けている。

それぞれの国・地域の人々が暮らす世帯は，この7つの類型で図1-4のように分布する。いずれの国・地域でも，「B 既婚・未婚の子と同居」という人々がもっとも多く3〜5割を占める。「A 未婚・親やきょうだいなどと同居」の世帯は，成人後も自分が育った世帯に残っている場合であり，台湾ではこのパターンの世帯も多い。図1-3でみたように，成人後も親との同居率が高いことと対応している。一方，中国や日本では，配偶者との二人暮らしの多さが目立つ。「C 既婚・親と同居」「D 既婚・既婚の子と同居」という三世代同居にあたる人々は，どの国・地域でも十数％までにとどまっている。ただし，台湾や中国ではうまく分類があてはまらない「その他」の人々が1割程度存在し，この中には複雑な拡大家族も含まれている。

図 1-4　世帯類型

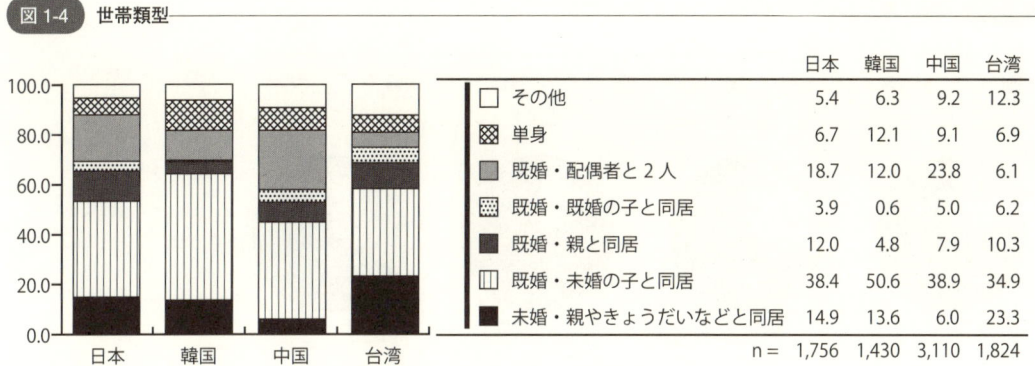

	日本	韓国	中国	台湾
その他	5.4	6.3	9.2	12.3
単身	6.7	12.1	9.1	6.9
既婚・配偶者と2人	18.7	12.0	23.8	6.1
既婚・既婚の子と同居	3.9	0.6	5.0	6.2
既婚・親と同居	12.0	4.8	7.9	10.3
既婚・未婚の子と同居	38.4	50.6	38.9	34.9
未婚・親やきょうだいなどと同居	14.9	13.6	6.0	23.3
n =	1,756	1,430	3,110	1,824

　さらに，年齢による世帯類型の違いを調べると図1-5のようになる。多くの傾向は4つの国・地域で共通しており，20代では「A 未婚・親やきょうだいなどと同居」が多いが，30代以降は「B 既婚・未婚の子と同居」，50～60代になるにつれ「E 既婚・配偶者と2人」が増加する。ただし，それぞれに独特の傾向もある。中国では，20代から配偶者や子どもと暮らしている場合が比較的多く，また配偶者との二人暮らしに移行する時期が早い。中国の平均寿命は他の国・地域に比べると短く，特に女性の寿命が5～10年ほど短い（2006年の中国の平均寿命は，男性72歳，女性75歳。出所：WHO World Health Statistics 2008）。このため，分析対象の年齢幅を20～69歳とそろえても，ライフステージが他の国・地域よりも早く進んでいるようである。また，台湾では60代でも配偶者との二人暮らしはあまり増加せず，他の形をとることが多い。

　図1-6は，それぞれの国・地域における男女の婚姻状態を示している。いずれの国・地域でも，現在結婚している有配偶者が大半を占めるが，中国では特に8割程度に達し，20代での結婚が多いこと（図1-5）を反映している。また，離別者の割合がやや異なり，日本でもっとも多く，中国でもっとも少ない。男性よりも女性に未婚者が少なく，有配偶者や死別者が多い傾向は，全体に共通である。

図 1-5　年齢別世帯類型

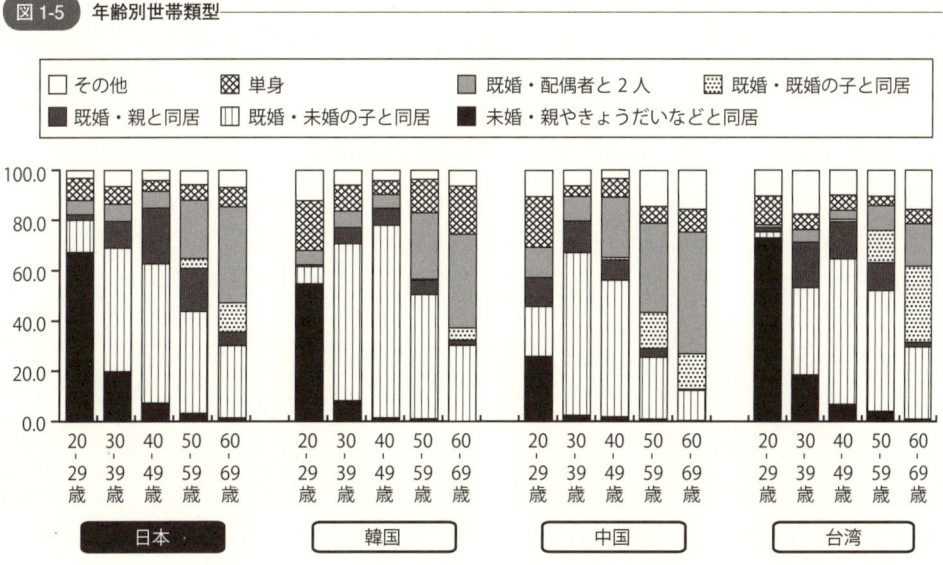

図 1-6 婚姻状態

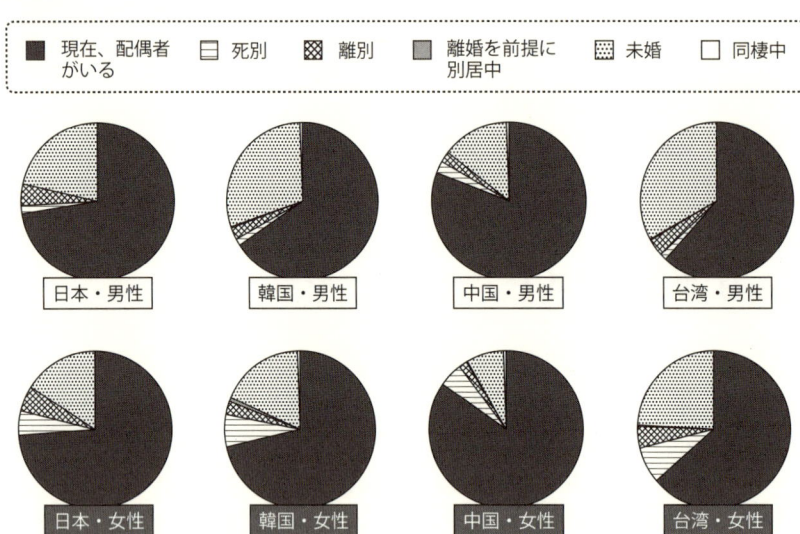

第 2 章
家族観

2.1　自分の幸福よりも，家族の幸福や利益を優先するべきだ

　第2章（Sec. 2.1～2.12）では，家系の継承や家族における男女の役割など，家族制度に注目しながら東アジアの人々がもつ家族観について調べる。最初に，東アジアの人々は家族をどの程度大切に考えているのか，個人よりも家族を優先する意識の強さを調べてみよう。

■ 家族優先に疑問をもつ日・韓の女性

　図2-1は，自分よりも家族の幸福を優先すべきという考え方への賛否を示している。日・韓・中・台のいずれにおいても，反対派は1割程度にとどまっており，家族を優先することが基本的な社会的態度として成り立っていることがわかる。ただし，その程度は国・地域によって異なる。家族を優先する意識が特に強いのは台湾と韓国で，もっとも弱いのは日本である。年齢による違いを平均値で調べてみると，台湾と韓国で家族を優先するのは年齢層の高い人々で，若い世代では4つの国・地域の差はほとんどなくなっている（図2-2）。また，男女の違いに注目すると，日本と韓国では男女差が大きく，女性は家族を優先することに消極的である（図2-3）。日本と韓国の女性は，結婚生活の満足度についても男性より低い傾向があり（Sec. 5.8 ☞ 56頁），家族を優先させる場合に，現実的な負担が女性の側に偏っているものと考えられる。

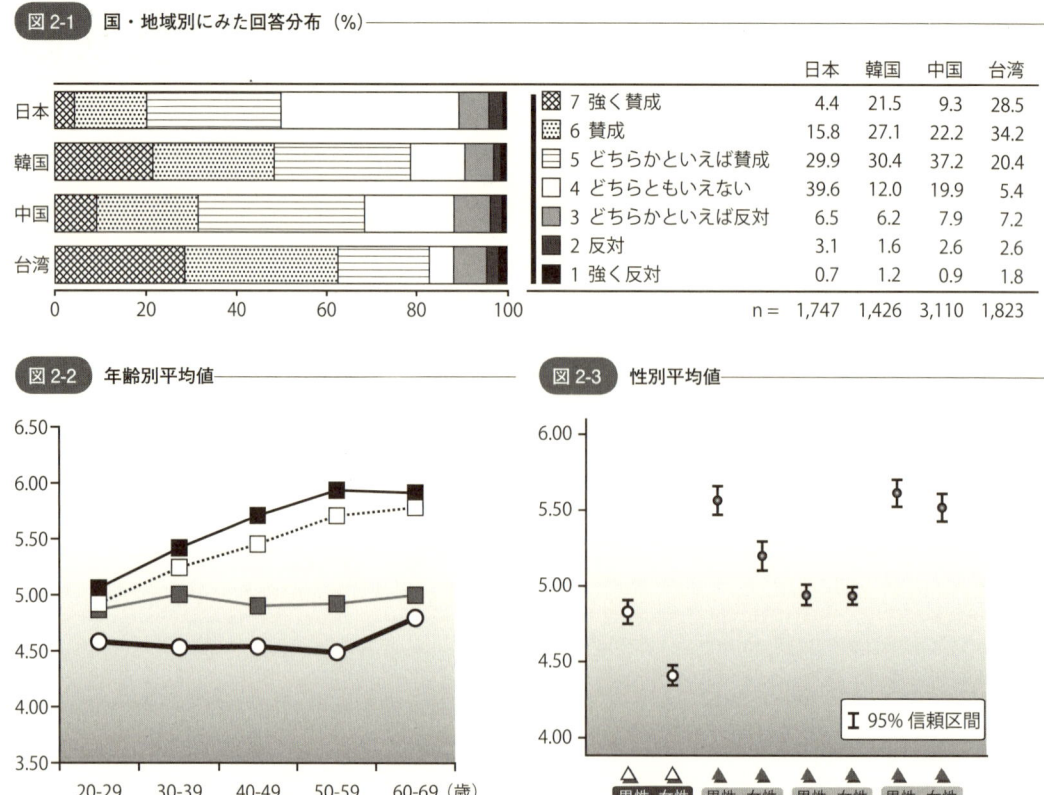

2.2 親の誇りとなるように，子どもは努力するべきだ

子どもの成功を親が誇りに思うことは当然である。しかし，親の誇りとなることを子どものあるべき姿ととらえるかどうかは，また別の話である。親子の一体性を強く感じ，共通の価値観を継承していくと考えている人ほど，そのような規範意識をもちやすいと予想される。東アジアの人々は，子どもが親の誇りとなるべきと考えているのだろうか。

■ 親の誇りとなる「べき」台湾の子ども

図 2-4 は，「親の誇りとなるように，子どもは努力するべきだ」という考え方への賛否を示している。どの国・地域でも賛成が大幅に反対を上回っている。もっともその傾向が顕著なのが台湾であり，8 割以上が賛成派で 3 人に 1 人が「強く賛成」と，非常に多くの人々が規範を当然視している。逆に，日本では賛成派が 4 割にとどまり，反対派も 2 割と意見がわかれている。年齢による賛否の違いは中国を除いて大きく，若い人々は比較的この規範に賛同していない（図 2-5）。特に日本の 20 ～ 40 代では賛否が拮抗している（平均値が 4.0 前後）。この特徴が世代で安定したものなのか，歳をとれば考え方が変わるのかはわからない。また，女性よりも男性のほうが肯定的な傾向はあるが，その差は小さい（図 2-6）。

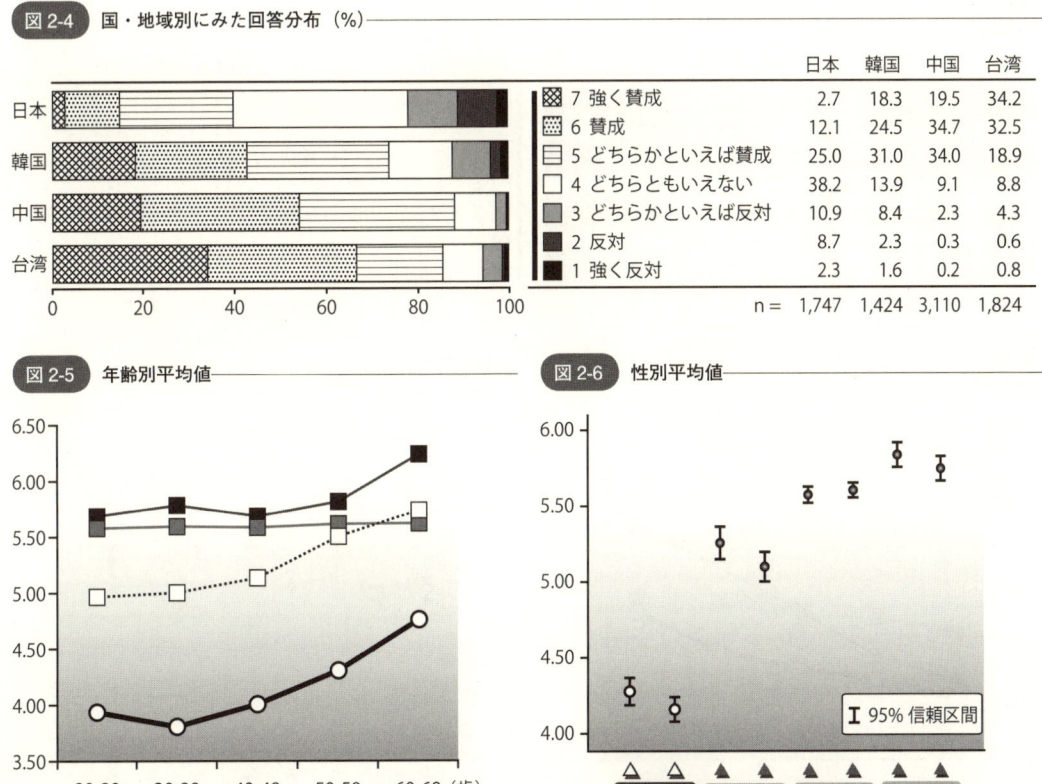

図 2-4 国・地域別にみた回答分布（%）

	日本	韓国	中国	台湾
7 強く賛成	2.7	18.3	19.5	34.2
6 賛成	12.1	24.5	34.7	32.5
5 どちらかといえば賛成	25.0	31.0	34.0	18.9
4 どちらともいえない	38.2	13.9	9.1	8.8
3 どちらかといえば反対	10.9	8.4	2.3	4.3
2 反対	8.7	2.3	0.3	0.6
1 強く反対	2.3	1.6	0.2	0.8
n =	1,747	1,424	3,110	1,824

図 2-5 年齢別平均値

図 2-6 性別平均値

2.3 夫と妻の両方の親族が，妻の助けを必要としているときには，妻は夫の親族を優先して助けるべきだ

父系制にしたがって男性が家系を継承するならば，妻の親族よりも夫の親族との関係が重視されるべきである。日・韓・中・台は，いずれも儒教文化圏に属するが，人々は現在も夫の親族を優先させることを当然と考えているのだろうか。

■ 夫方優先にとまどう東アジアの人々

図 2-7 は，妻の親族よりも夫の親族を優先して助けることへの賛否を示している。一見してわかるように，どの国・地域でも賛否がほぼ二分されており，夫方優先という規範はまったく当然視されていない。また，強い賛成も強い反対も少ないことから，人々の間で意見が対立しているというよりも，誰も強い意見をもてずにとまどっているようである。世代による違いをみてみると，どの国・地域でも若い世代ほど賛成しない傾向がある（図 2-8）。特に，韓国と台湾ではその差が大きく，かつて支配的であった夫方優先の規範が急速に衰えていることがうかがえる。男女による違いをみてみると，男性の方が夫方優先に賛成する傾向はみられるものの，その差は小さい（図 2-9）。男女の間に意見の対立があるわけではなく，社会全体として態度を決めかねているようである。

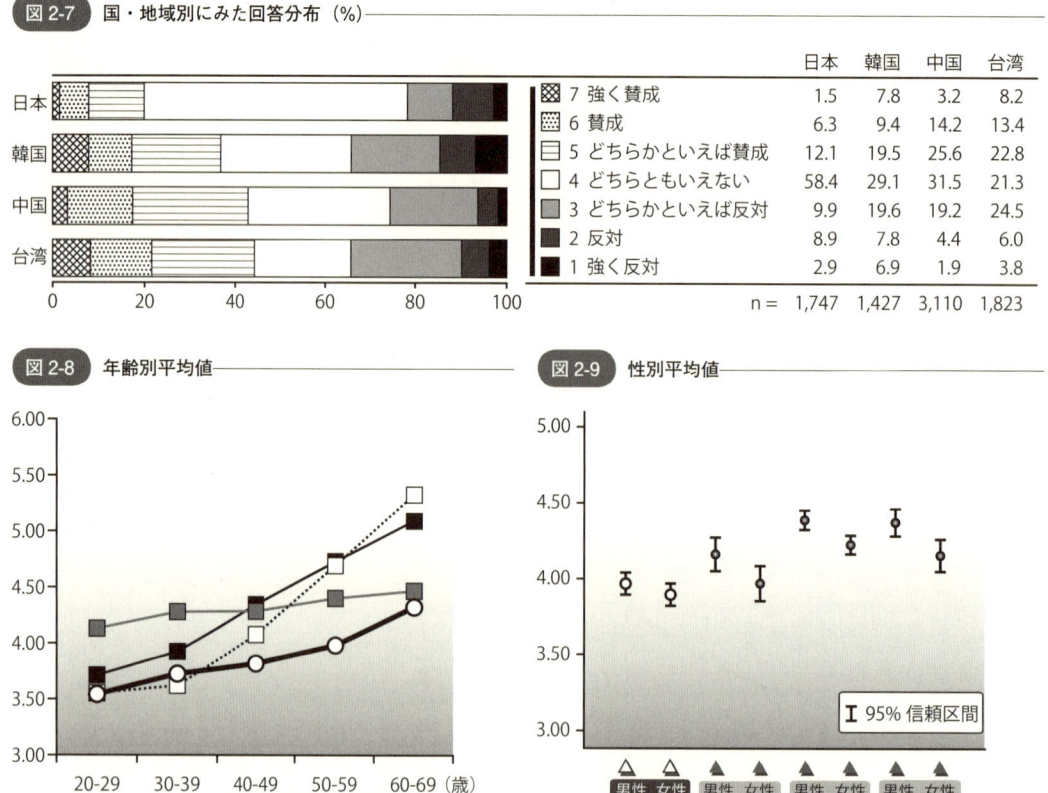

2.4 あなたは一般に，三世代同居は望ましいことだと考えますか

親・子・孫が一つの家に同居する三世代同居には，伝統的な家系の継承という意味と，親子の相互支援という意味がある。現在の東アジアの人々は，三世代同居をどう評価しているのだろうか。

■ 三世代同居をめぐる深い対立

図 2-10 は，三世代同居を望ましいと思うかどうかを尋ねた結果である。どの国・地域でも，6～7割と高い割合で望ましいと考えられている。ところが，現実には，どの国・地域でも三世代同居はそれほど多いわけではない（Sec. 1.2, 図 1-4 ☞ 11 頁）。同居が実現しにくいのは，同居に必要な外的条件が整わないだけでなく，家族の中にも意見の対立があると考えられる。同居を望ましいと考える割合は，年齢による差が大きい（図 2-11）。中国と台湾では高齢者の方が肯定的であるが，韓国では逆に高齢者の方が否定的である。韓国では親子が遠く離れて暮らしていることが多く（Sec. 7.2 ☞ 71 頁），高齢の親にとって同居の負担が大きいのかもしれない。また，男性と女性では，男性の方が同居に肯定的である（図 2-12）。男女差が最大の韓国について少し詳しく調べてみると，男女の差が開くのは 30～40 代に限られ，40 代では 31％もの開きがある。老親との同居を現実的に考えた場合に，女性の負担が大きいことがうかがえる。他の国・地域でも同様の傾向があり，三世代同居をめぐる意見の対立は深そうである。

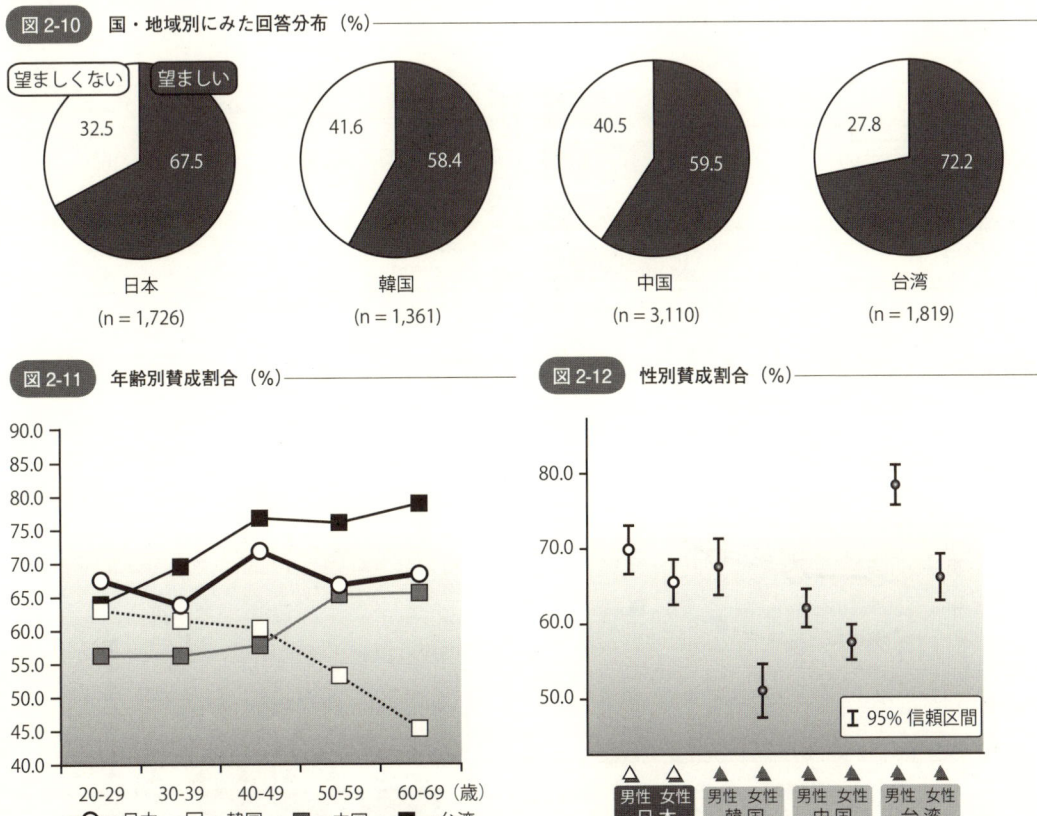

2.5　長男が，多くの財産を相続するべきだ

　親子の間の財産の相続には，実質的な資源の受け渡しだけでなく，家系の継承という象徴的な意味がある。長男が多くの財産を相続するという考え方は，現在の日・韓・中・台でどの程度支持されているのだろうか。

■　長男による相続は当然ではない

　図 2-13 は，長男が多くの財産を相続することへの賛否を示している。いずれの国・地域でも，どちらかといえば反対意見の方が多く，長男による相続は当然とは考えられていない。息子が家系を継承するという考え方は，弱まりながらも根強いが（Sec. 3.5 ☞ 33 頁），長男というだけで多くの財産を相続することはできないようである。特に反対意見が多いのは台湾であり，賛成派が 2 割程度しかないのに対して反対派が 6 割にのぼる。男女別にみると，台湾人の中でも女性の意見が特に反対に偏っている（図 2-15）。年齢による考え方の違いを調べると，高齢者は長男相続に肯定的な傾向があるが，あまり大きな違いではない（図 2-14）。長男相続を当然と思わない考え方は，多様な人々に広がっているようである。

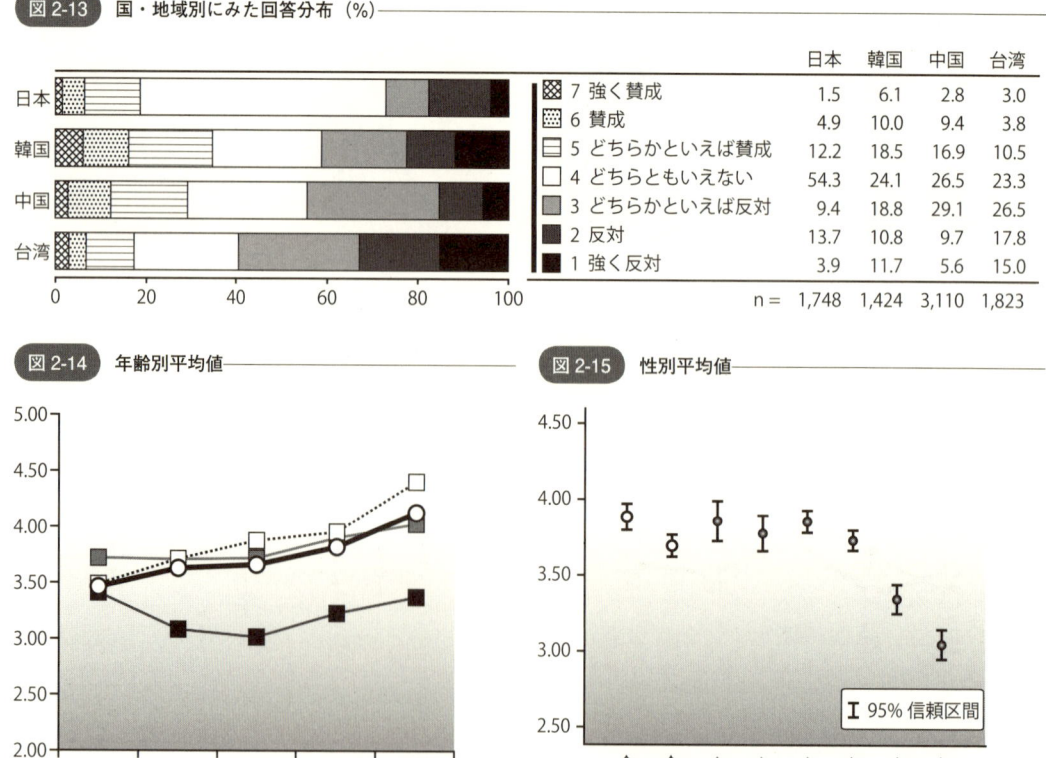

図 2-13　国・地域別にみた回答分布（%）

	日本	韓国	中国	台湾
7 強く賛成	1.5	6.1	2.8	3.0
6 賛成	4.9	10.0	9.4	3.8
5 どちらかといえば賛成	12.2	18.5	16.9	10.5
4 どちらともいえない	54.3	24.1	26.5	23.3
3 どちらかといえば反対	9.4	18.8	29.1	26.5
2 反対	13.7	10.8	9.7	17.8
1 強く反対	3.9	11.7	5.6	15.0
n =	1,748	1,424	3,110	1,823

図 2-14　年齢別平均値

図 2-15　性別平均値

2.6 親の世話をした子どもが，多くの財産を相続するべきだ

Sec. 2.5 では，長男による相続という伝統的な規範が弱くなっていることがわかった。では逆に，相続における取引的な面が強調されているのだろうか。親の世話をした子どもが多くの財産を相続することに対する人々の考え方を調べてみよう。

■ 親の世話と相続の結びつき

図 2-16 は，親の世話をした子どもが多くの財産を相続することへの賛否を示している。どの国・地域でも賛成が多く，親の世話をした子どもが財産を相続するのにふさわしいと考えられているようである。特に肯定的な態度を示しているのは韓国人であり，8割以上が賛成派で，強く賛成する人々だけで 2 割以上を占める。これは，韓国では，長男が親の世話をするという考え方がまだ残っているため（Sec. 7.9 ☞ 78 頁），考え方の矛盾が起こりにくいためと予想される。一方で，親の世話をした子どもによる相続にもっとも消極的なのは台湾人である。台湾人は長男による相続にも反対しており（Sec. 2.5），子どもが平等に相続すべきと考える傾向が強いようである。年齢や性別による考え方の違いはほとんどみられず，世代や男女の対立は，どの国・地域でも起こっていない（図 2-17，図 2-18）。

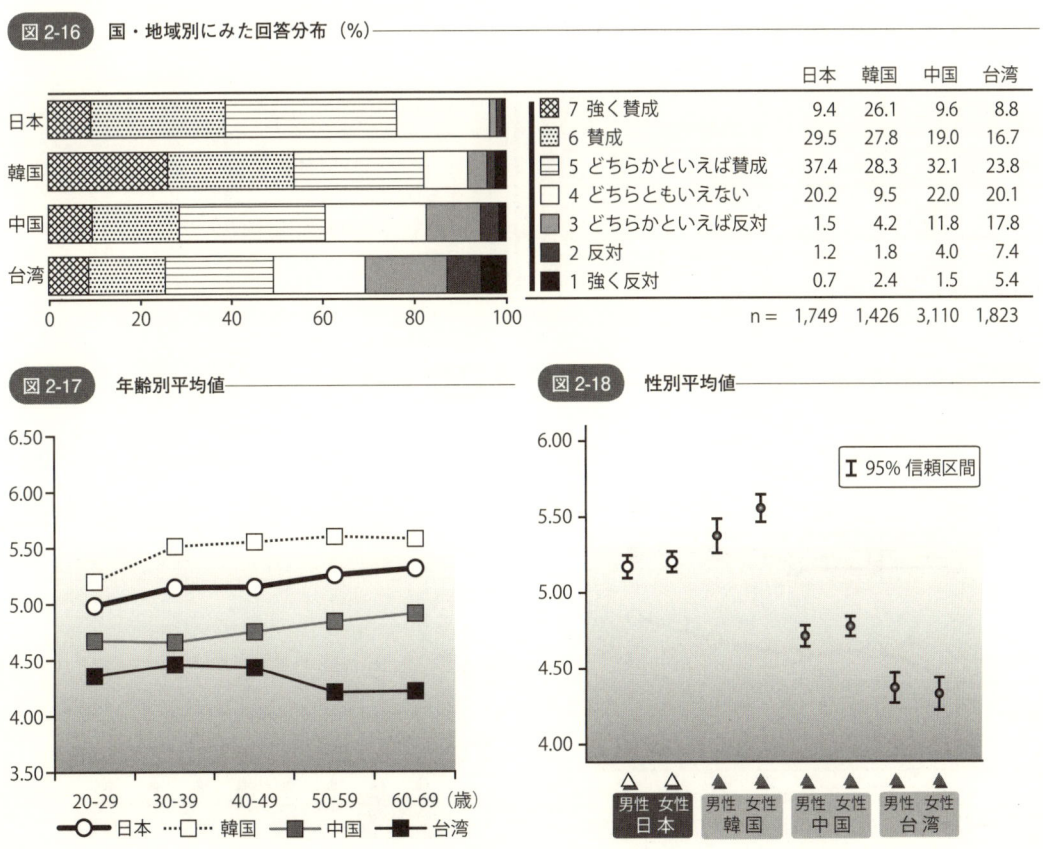

2.7　どのような状況においても，父親の権威は尊重されるべきだ

　男性が家系を継承する父系制は，父親が家長として権威をもつ家父長制と結びつきやすい。東アジアの人々は，伝統的に父親の権威を重視してきたと考えられるが，現在も父親の権威は残っているのだろうか。

■ 父親の権威が弱い日本

　図2-19は，「どのような状況においても父親の権威は尊重されるべきだ」という考えに対する賛否を示している。どの国・地域でも反対意見は非常に少なく1割程度にとどまっており，父親の権威は残っているようである。ただし，その中でも日本の父親は比較的権威が弱く，あいまいな回答の割合が非常に高い。日本では，個人より家族を優先させる考え方（Sec. 2.1 ☞ 14頁）や，親の誇りのために子どもが努力するという考え方（Sec. 2.2 ☞ 15頁）も弱く，家父長制の弱さが家族のまとまりの弱さと連動しているようである。年齢による違いを調べると，中国を除いて高齢者の方が父親の権威を強く尊重する傾向がある（図2-20）。また，男女の意見の違いは意外なほど小さいが，日本の女性は，男性に比べて父親の権威を尊重することに消極的である（図2-21）。

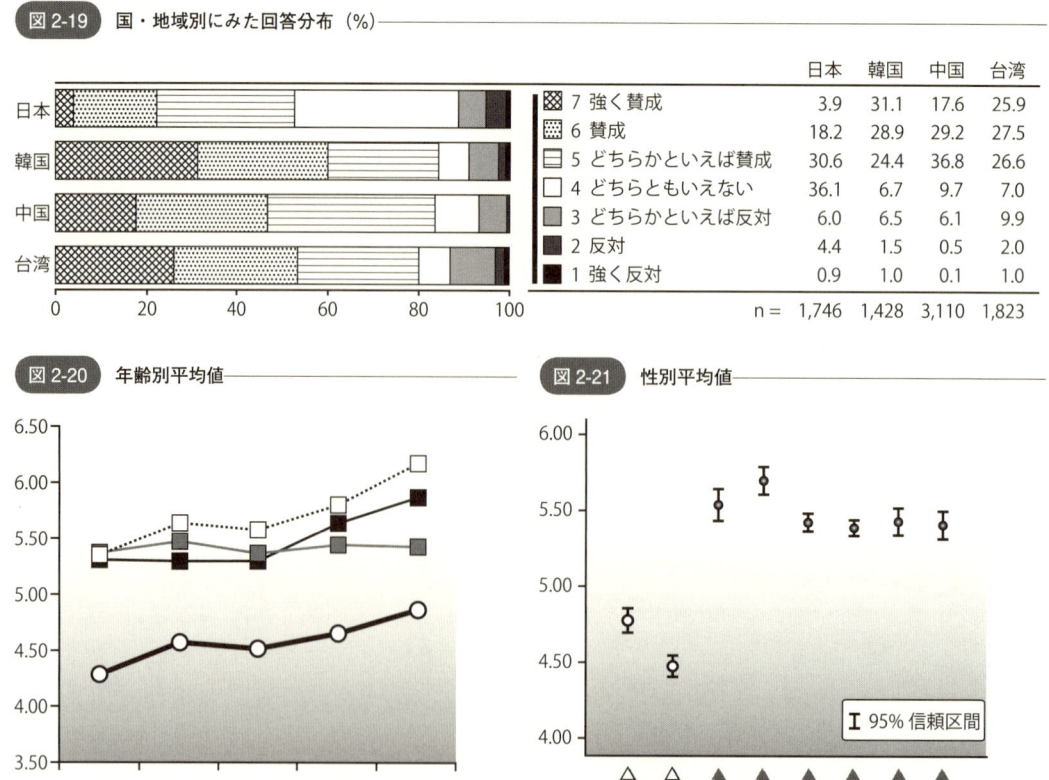

図2-19　国・地域別にみた回答分布（%）

	日本	韓国	中国	台湾
7 強く賛成	3.9	31.1	17.6	25.9
6 賛成	18.2	28.9	29.2	27.5
5 どちらかといえば賛成	30.6	24.4	36.8	26.6
4 どちらともいえない	36.1	6.7	9.7	7.0
3 どちらかといえば反対	6.0	6.5	6.1	9.9
2 反対	4.4	1.5	0.5	2.0
1 強く反対	0.9	1.0	0.1	1.0
n =	1,746	1,428	3,110	1,823

図2-20　年齢別平均値

図2-21　性別平均値

2.8 妻にとっては，自分自身の仕事よりも，夫の仕事の手助けをする方が大切である

　近代社会では，仕事が家庭から分離し，父親が外で働くことで一家を養う稼ぎ手の役割を担ってきた。しかし，この仕組みは，女性の社会進出の妨げとなり，父親をもたない子どもの養育を困難にするなど，多くの課題を生み出している。東アジアの人々は，現在も女性の役割を夫の仕事の補助（内助）と考えているのだろうか。

■ 世代間ギャップの大きい韓・台

　図 2-22 は，「妻にとっては，自分自身の仕事よりも，夫の仕事の手助けをする方が大切」という考えに対する賛否を示している。強い意見を表す程度が国・地域によって異なるので（コラム 1 ☞ 96 頁），単純な比較はしにくいが，中国では反対派が 2 割にとどまり，妻の役割を内助と考える傾向がもっとも強いことがわかる。逆に，この規範がもっとも弱いのは，日本である。韓国と台湾では，世代間のギャップが非常に大きく，若い世代では日本人とほとんど変わらない考えを示している（図 2-23）。ただし，若い世代でも賛否が二分される程度（平均値が 4.0 前後）にとどまっており，また，男女の考え方の違いもほとんどみられない（図 2-24）。急速な変化があることは間違いないものの，現在のところは，男性を主な稼ぎ手として妻には内助を期待する考え方が根強いようである。

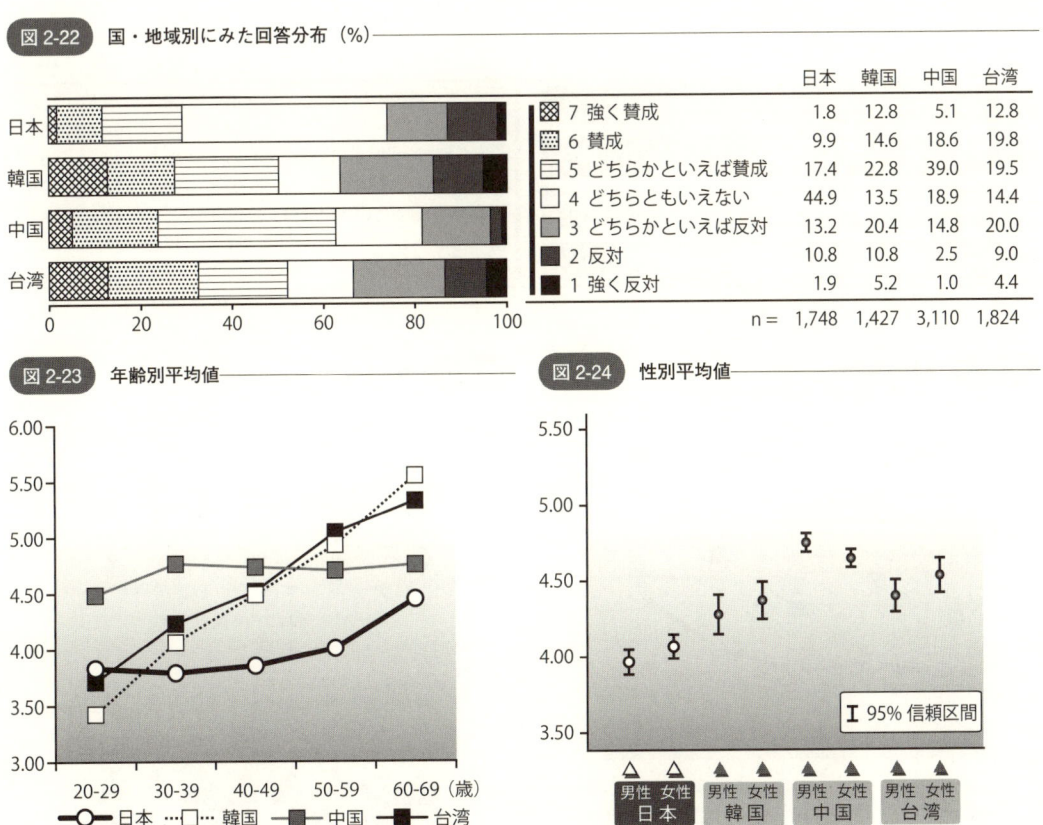

2.9 夫は外で働き，妻は家庭を守るべきだ

男性が外で働き稼ぎ手となるならば，女性は内で家庭を守る役割を担うことになる。このような性別役割分業は，けっして古い歴史をもつものではなく，変わりうるものである。現在の東アジアの人々は，夫は外で妻は内という考え方を支持しているのだろうか。

■ 妻が働くことへの男女の意識差

図 2-25 は，夫が外で働き，妻が家庭を守ることへの賛否を示している。どの国・地域でも，夫の仕事を妻が補助すること（内助）への賛否を尋ねた結果（Sec. 2.8 ☞ 21 頁）と似た分布を示している。やはり，中国でこの考え方がもっとも根強い。ただし，Sec. 2.8 と比べると反対意見が多く，妻の主な役割が内助であるとしても，仕事をすること自体は認める人々が一定の数いることがわかる。韓国と台湾で世代間のギャップが大きいことも Sec. 2.8 と同様であり，妻が家庭を守ることに明らかに反対する人々も増えている（図 2-26）。Sec. 2.8 と異なる点は，中国を除いて男女の間に差がみられるということであり，男性に賛成意見が多い（図 2-27）。つまり，男性は妻が自分の仕事を助けてくれるかということよりも，家庭を守る役割をはたしてくれるかどうかに強い関心をもっており，女性は夫の仕事を助けるとしても，家庭の外に働く場を認めてほしいと考えている様子がうかがえる。

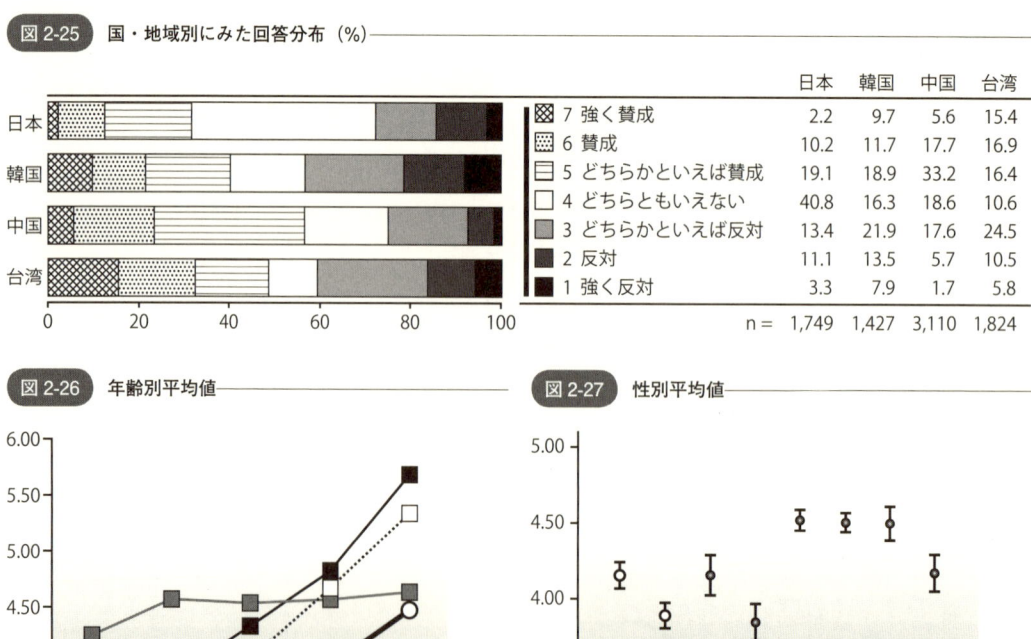

2.10 景気がわるいときには，男性よりも女性を先に解雇してよい

Sec. 2.8～2.9 では，男女の性別役割分業についての考え方を調べたが，現在の東アジアでは，多くの女性が実際に家庭の外で働いている。これらの女性の仕事は，いざとなれば男性の雇用を優先する予備的な労働力と考えられているのだろうか。

■ 女性の解雇に強く反対する韓・台の若年者

図 2-28 は，景気がわるいときに男性よりも女性を先に解雇することへの賛否を示している。女性を予備的な労働力とみなしている人々は，この考え方に賛成するはずである。いずれの国・地域でも，圧倒的に反対が多く，女性の解雇に賛成する人々は 1～2 割にすぎない。性別役割分業の考え方自体は根強い（Sec. 2.8～2.9）ものの，実際に家庭の外で活躍している女性の雇用は尊重すべきと考えられているようである。韓国と台湾では，特に女性の解雇に反対する意見が強く，反対派が 7 割以上にのぼる。年齢による違いを調べてみると，韓国と台湾の強い意識を若年層が支えていることがわかる（図 2-29）。日本で女性の解雇に反対する意見が韓・台ほど高まらないのは，出産・育児期の女性が実際に補助的な仕事を行なうことが多いことと関連しているのだろう。また，男女の違いを比べると，やはり女性の方が強い反対意見をもっている（図 2-30）。

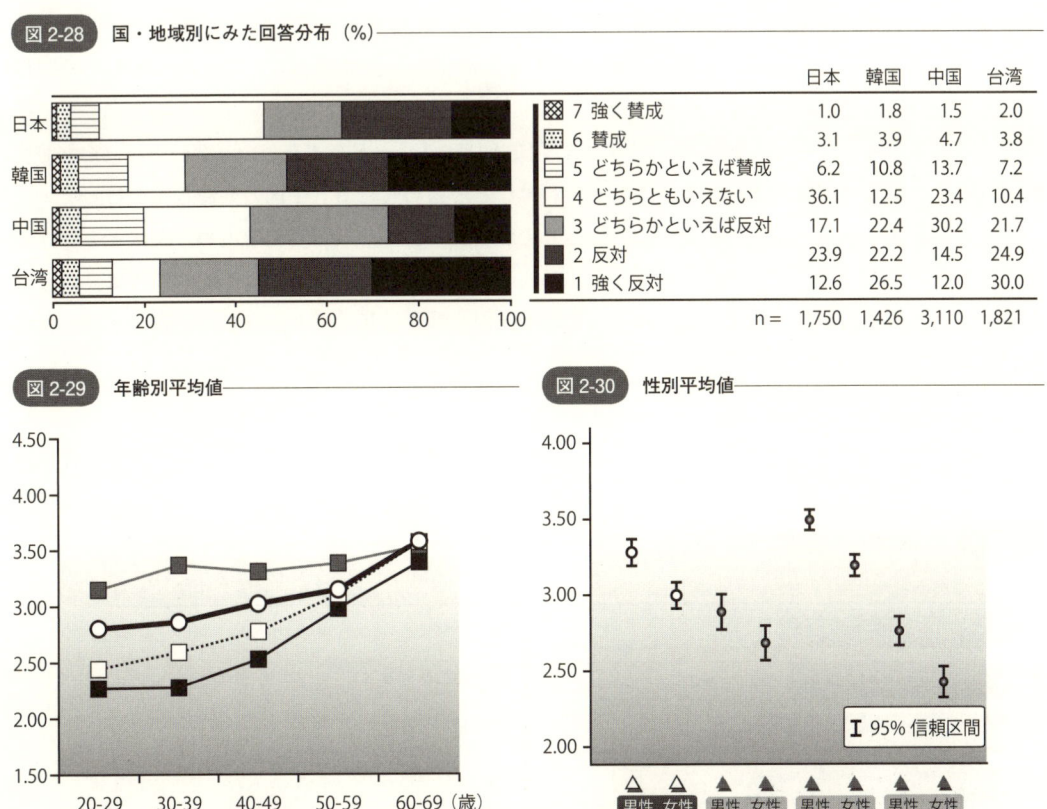

2.11 夫婦の働き方

Sec. 2.8〜2.10 では，夫婦の働き方について，日・韓・中・台の人々が男女の性別役割分業をどのように考えているかを調べたが，実際の夫婦はどのような働き方をしているのだろうか。夫と妻の仕事の組み合わせについて調べてみよう。

■ 共働きの多い中国

図 2-31 は，夫の仕事の有無と妻の仕事の有無を組み合わせて，「共働き」「夫のみ就業」「妻のみ就業」「共に無職」の4つで夫婦の働き方を分類したものである。現在結婚していない人々は，集計から除いている。いずれの国・地域でも，共働きのケースがもっとも多く，半数から3分の2を占めている。共働きがもっとも多いのは中国で，妻のみが働いている場合も珍しくない。夫婦がともに無職であることが少ないのも中国の特徴であり，これは年金制度のあり方や，親子の同居率の低さ（Sec. 1.2，表 1-7 ☞ 9 頁）と関連しているものと考えられる。一方，日本と韓国では，夫のみが働いている割合が3〜4割と高い。

■ 日・韓・中・台それぞれの共働き

大半を占める共働きについて，もう少し詳しくその働き方を調べてみると，同じ共働きでも国・地域によって，その中身が大きく異なっている。日本では，夫はフルタイム雇用で妻はパートタイム雇用という組み合わせが多く，共働き夫婦の41%を占めている。夫婦ともにフルタイムのケースは26%しかいない。これに対して，韓国と台湾では，夫も妻もフルタイムで働いている場合が多く，それぞれ共働きの44%，49%を占める。日本のように妻のみがパートタイムというケースは，それぞれ8%，4%しかおらず，残りは自営業との組み合わせなどで占められる。中国の共働きは，日・韓・台のいずれとも異なり，夫婦で自営業（家族従業者を含む）というケースが32%を占め，夫婦ともにフルタイムである31%と並んで，共働きの多くを占めている。同じ共働きでも，日本の共働きは妻の仕事が補助的である傾向がはっきりとしており，また中国の共働きは自営業という形で家庭と密接に結びついている。

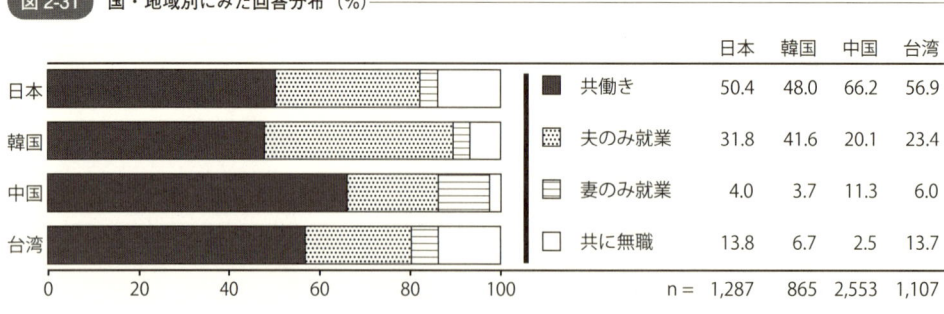

図 2-31 国・地域別にみた回答分布（%）

	日本	韓国	中国	台湾
共働き	50.4	48.0	66.2	56.9
夫のみ就業	31.8	41.6	20.1	23.4
妻のみ就業	4.0	3.7	11.3	6.0
共に無職	13.8	6.7	2.5	13.7
n =	1,287	865	2,553	1,107

■ 子育て中の共働きが難しい日・韓

　夫婦の働き方が年齢によってどのように変化するかを調べた結果が，図 2-32 である。20 代の夫婦はケースが少なく誤差が大きいので除いて考えると，日本と韓国が非常によく似た傾向をもっていることがわかる。いずれも，30 代の若い年齢層では共働きの夫婦が少なめで，夫のみが働いているケースがおよそ半数を占める。40 代になると夫のみが働いているケースが減り，共働きの夫婦が増える。つまり，日本と韓国では，子育て中の共働きが難しく，若いうちは夫の収入のみに頼らざるをえない場合が多い。中国と台湾ではこのような傾向はみられず，若い夫婦の共働き割合が非常に高い。また，中国については，高齢になっても働き続ける人々が多いという点が特殊である。夫婦ともに無職のケースは 60 代でも 10% 以下にとどまり，他の国・地域で半数程度の夫婦が無職になるのと対照的である。中国では，60 代になっても年金や子どもからの扶養をあてにすることが難しいものと考えられ，夫が働けない場合には妻のみが働くケースも少なくない。

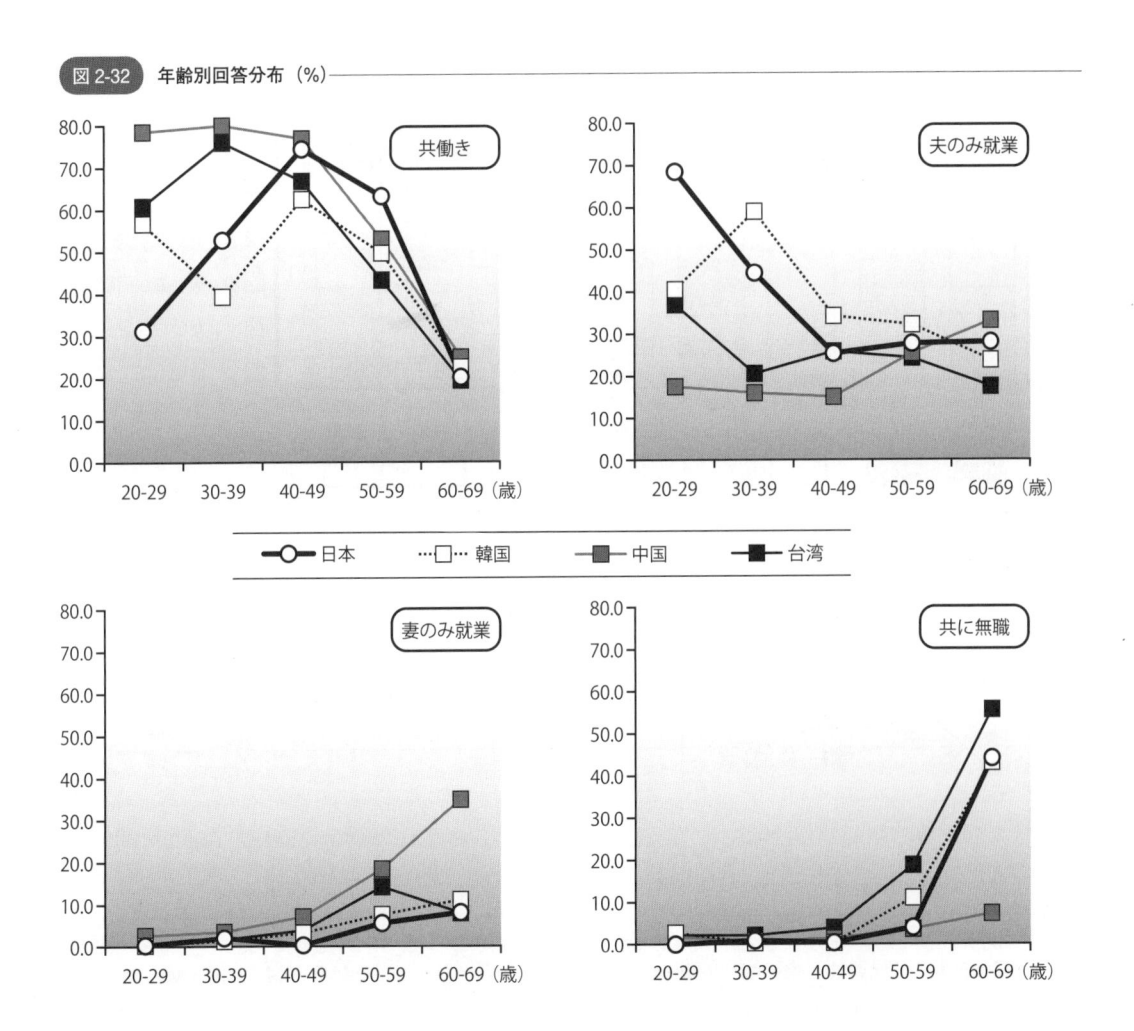

図 2-32 年齢別回答分布（%）

2.12 子どものしつけや教育については，主にどなたが決めていますか（決めていましたか）

　子育ての大部分を女性が担っていることは間違いないが，子育ての方針を誰が決めるかということは，また別の話である。家父長制のもとで父親が権限をもっているのだろうか，それとも実際の担い手である母親が権限をもっているのだろうか。

■ 妻が決める子育ての方針

　図2-33は，子どものしつけや教育の仕方について，夫と妻のどちらが決めているか（あるいは決めていたか）を尋ねた結果である。有配偶で子どもをもっている人々に対象を限定し，男女別に結果を示している。全体的に，夫と妻が同程度に決めている場合が4～6割を占め，夫婦が2人で話し合っているようである。特に，中国ではその割合が高く，またそうでない場合も夫側と妻側への偏りが小さい。他の国・地域では，妻が決めているという側に偏る傾向がみられ，特に女性はそのように答えている。年齢による違いは，不安定な動きをみせて一定の傾向は読みとれない（図2-34）。

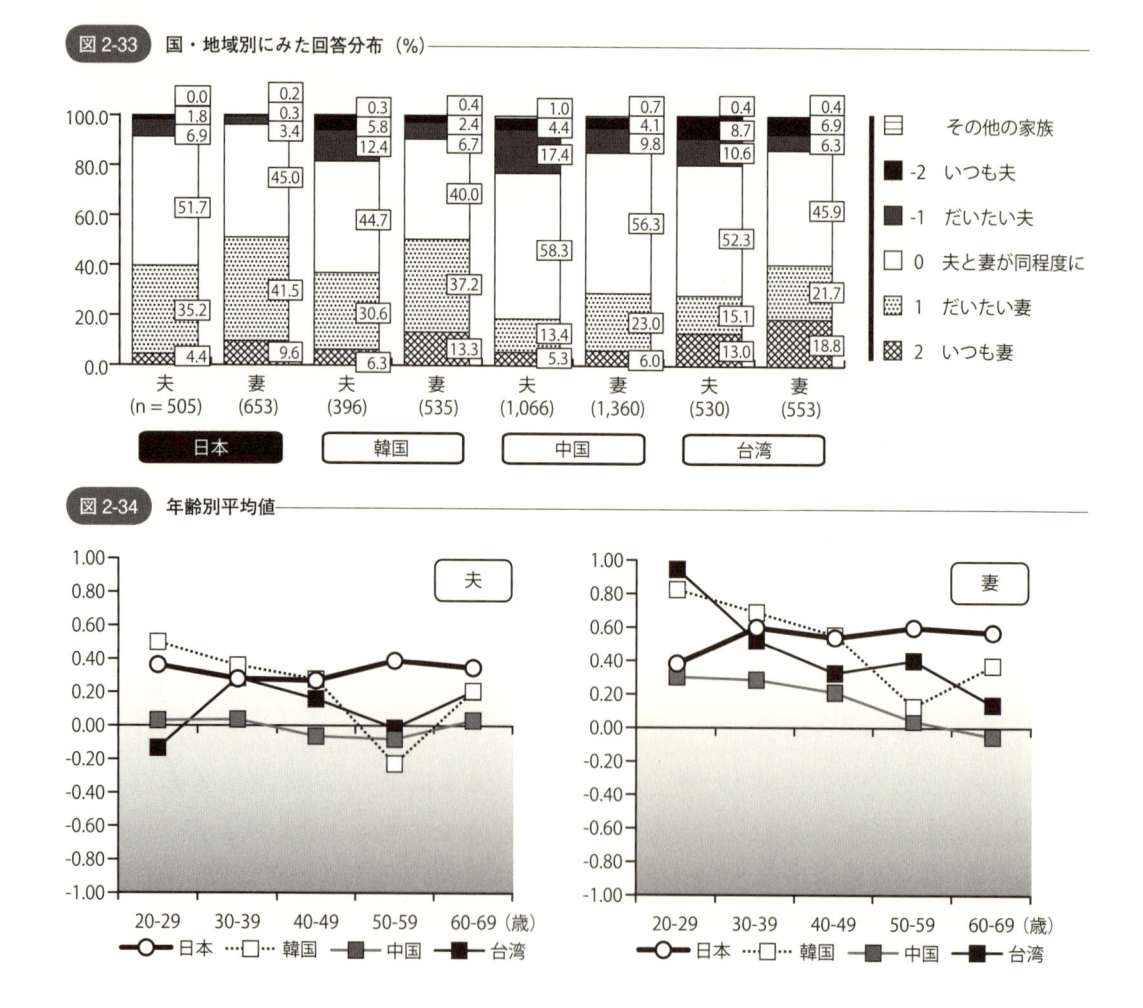

図2-33　国・地域別にみた回答分布（%）

図2-34　年齢別平均値

第3章

出生・子ども観

3.1 子どもの数

　第3章（Sec. 3.1～3.5）では，東アジアにおける出生観や子ども観を探る。まず，一組の夫婦がもつ子どもの数は客観的に何人程度なのか。経済発展にともなう少子化は東アジアでも共通に経験されているが，それぞれの国・地域が置かれている現状にはどのような特徴があるのだろうか。

■ 日・韓・中・台それぞれの少子化

　図3-1は，結婚している人々がもつ子ども数の集計である。日本と韓国の分布が非常に似かよっており，子ども数2人というケースが半数以上を占める。対して，一人っ子政策の中国では子ども数1人が半数近くにのぼり，逆に，台湾では3人以上が4割とやや子どもが多い。それでも，未婚者がこのグラフに含まれていないことを考えれば，いずれの国・地域でも少子の傾向は強いといえる。

　年齢別のグラフから，若い世代に向かって少子化が急速に進んでいることがわかる（図3-2）。ただし，日本の傾向は特殊で，子ども数が低下するのは20～30代の若い世代に限られ，40代以上では安定している。日本の少子化は，長年，未婚者の増加を主な原因としており，既婚者がもつ子ども数の減少は最近の傾向であることを示している。また，中国は一人っ子政策の印象が強いが，政策の発動（1979年）から月日を経た近年も子ども数は減り続けており，別の理由も強く作用しているようである。

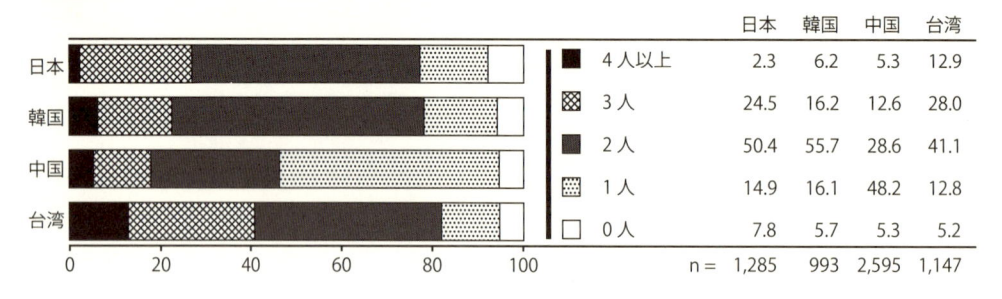

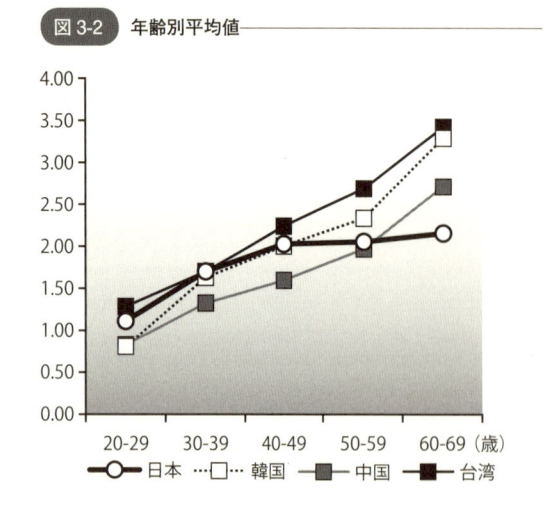

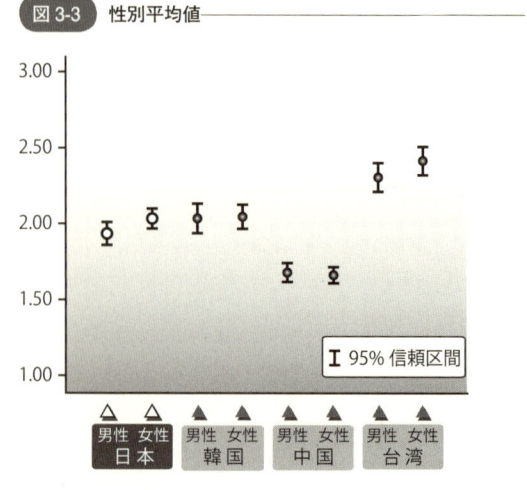

図 3-1 国・地域別にみた回答分布（%）

	日本	韓国	中国	台湾
4人以上	2.3	6.2	5.3	12.9
3人	24.5	16.2	12.6	28.0
2人	50.4	55.7	28.6	41.1
1人	14.9	16.1	48.2	12.8
0人	7.8	5.7	5.3	5.2
n =	1,285	993	2,595	1,147

図 3-2 年齢別平均値

図 3-3 性別平均値（95% 信頼区間）

3.2　一般に，家庭にとって理想的な子どもの数は何人だと思いますか

Sec. 3.1 では現実の子ども数を調べた。では，価値観としての理想の子ども数はどのように考えられているのだろうか。同じように結婚している人々に限定した集計で，結果を比較してみよう。

■ 多子が理想の日・韓と2人が理想の中・台

図 3-4 が理想の子ども数の集計である。一見すると，国・地域によって結果がばらばらにみえるが，2人を理想とするケースが多い点は共通している。ただし，日本だけは2人よりも3人を理想とする場合が多く半数以上を占める。また，中国では1人を理想とするケースが3割もみられる。

現実 (Sec. 3.1) とのギャップのあり方は，国・地域によって異なる。日本と韓国では現実よりも多い3人や4人に理想が偏るのに対して，中国と台湾では理想のばらつきが小さく，2人に集中する傾向がみられる。つまり，現実には1人以下の子どもしかもたない人々だけでなく，3人以上の子どもをもつ人々も2人を理想とする傾向がある。現実の子ども数は世代によって大きく変動していたが (Sec. 3.1，図 3-2)，理想の子ども数の変動はほとんどみられず (図 3-5) 対照的である。また，男女別にみると，日本では女性の方がやや多い子どもを理想としている (図 3-6)。

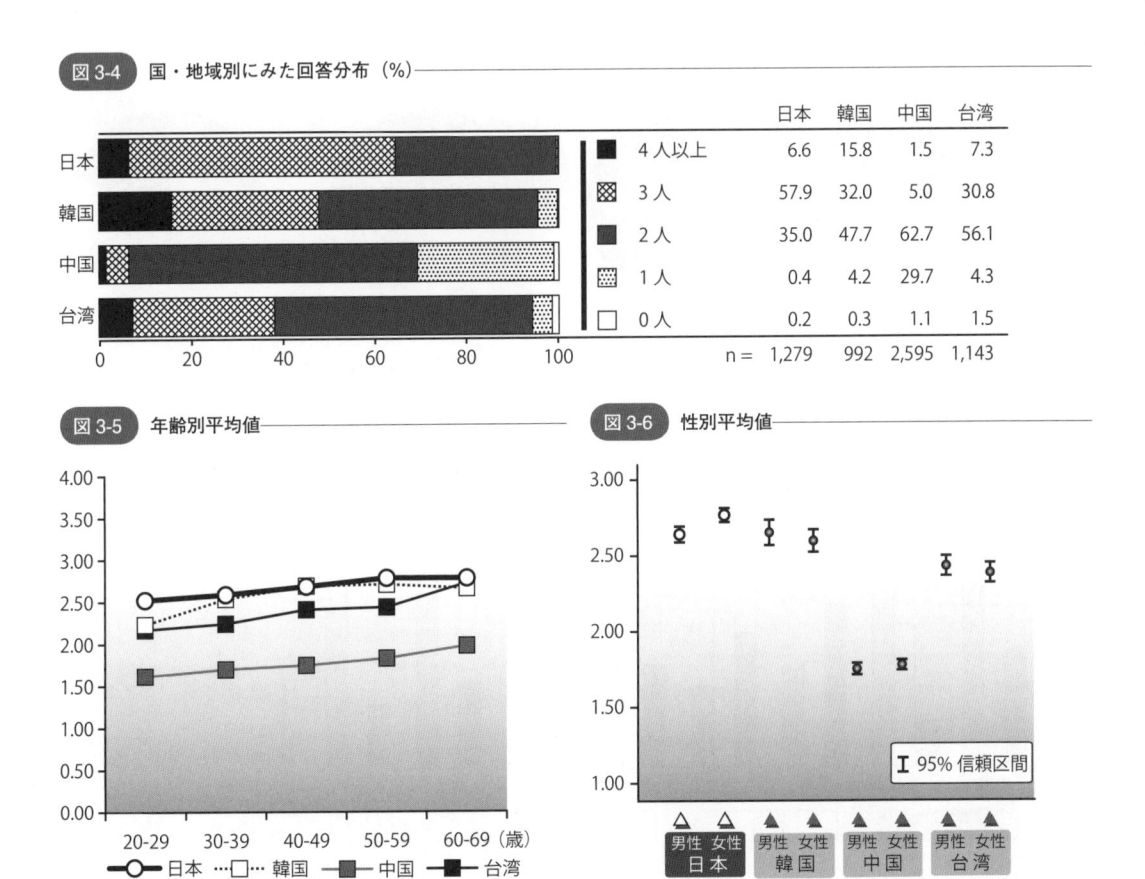

図 3-4　国・地域別にみた回答分布（%）

	日本	韓国	中国	台湾
4人以上	6.6	15.8	1.5	7.3
3人	57.9	32.0	5.0	30.8
2人	35.0	47.7	62.7	56.1
1人	0.4	4.2	29.7	4.3
0人	0.2	0.3	1.1	1.5
n =	1,279	992	2,595	1,143

図 3-5　年齢別平均値

図 3-6　性別平均値

3.3 もし，子どもを1人だけもつとしたら，男の子を希望しますか，女の子を希望しますか

男の子と女の子のどちらがほしいか。一見のどかな質問であるが，その回答には家族の中で期待される男性と女性の役割が反映されている。それぞれの国・地域にはどのような特徴があるのだろうか。

■ 「どちらでもよい」の意味は？

「男の子」「女の子」に加えて「どちらでもよい」も含めた選択肢に対する回答の分布が，図3-7である。中国と台湾の傾向が非常に似ており，どちらでもよいが3分の2を占め，男の子と女の子では男の子を選ぶ方が多い。父系制のイメージが強い中国で子どもの性別を問わない人々が多数を占めることは意外であるが，子ども数の減少などの現実に即した意識をもっているようである。一方で，韓国ではどちらでもよいという回答は4分の1しかなく，多くの人々が子どもの性別について希望を示している。しかし，男の子と女の子の希望はほぼ半々であり，統一的な選好の傾向があるわけではない。日本では，どちらでもよいという回答が半数にとどまっており，あいまいな回答を好む日本人（コラム1 ☞ 96頁）としては，比較的はっきりと意見を示している。また，唯一，男の子よりも女の子を希望する方が多いことも特徴的である。

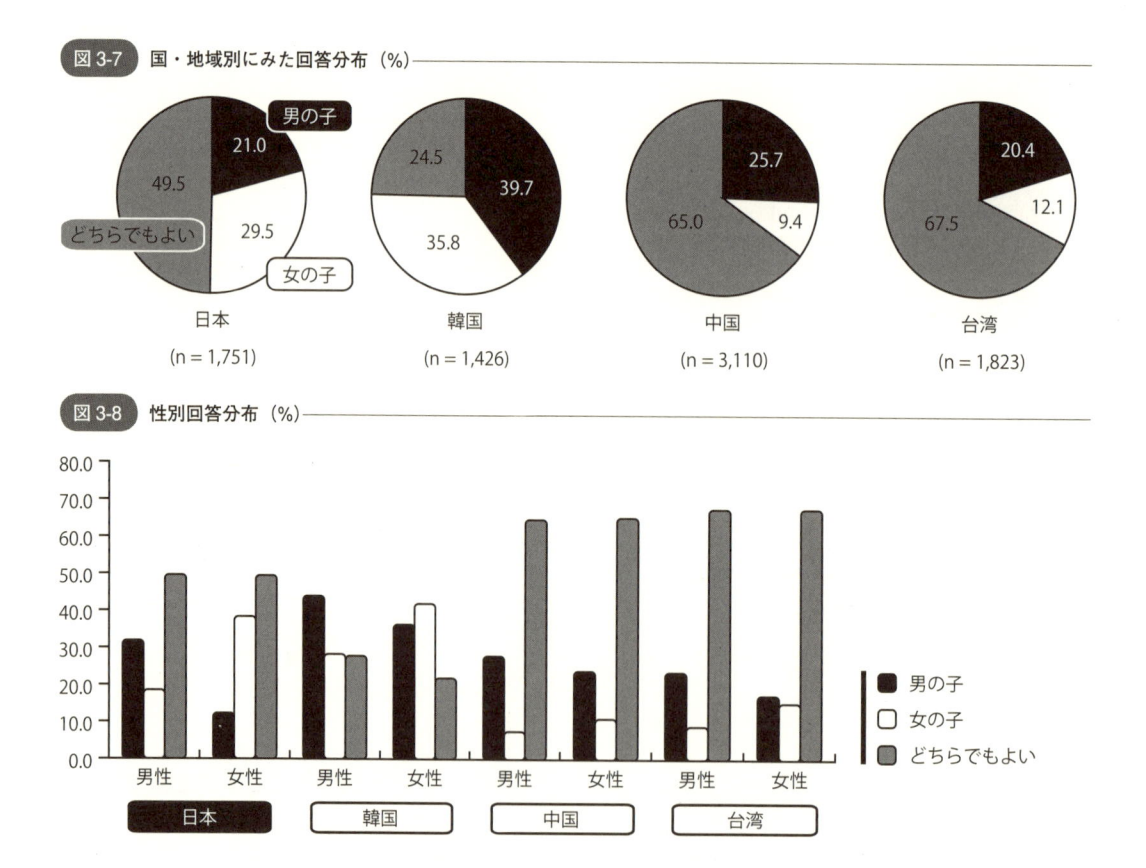

図3-7 国・地域別にみた回答分布（％）

日本 (n = 1,751): 男の子 21.0, 女の子 29.5, どちらでもよい 49.5
韓国 (n = 1,426): 男の子 39.7, 女の子 35.8, どちらでもよい 24.5
中国 (n = 3,110): 男の子 25.7, 女の子 9.4, どちらでもよい 65.0
台湾 (n = 1,823): 男の子 20.4, 女の子 12.1, どちらでもよい 67.5

図3-8 性別回答分布（％）

■ 同性の子どもを好む日本人

　回答者を男性と女性にわけると，日本のおもしろい特徴がわかる（図3-8）。どの国・地域でも自分と同じ性別の子どもを好む方に偏りが出ることは共通であるが，日本ではこの偏りが非常に強く，男性は男の子を，女性は女の子を好む。このことから，日本では子どもの性別選好を考える際に家系の継承といった家族全体のことよりも，むしろ日常生活を考えた個人的な意識が強く働いている可能性が高い。特に，女の子を好む人々が多い背景には，自分の娘から老後の扶養を受けたいという意識が働いているのだろう。年齢別に調べてみると，日本では，若い人々に比較的どちらでもよいという回答が多いが，50〜60代になると女の子を好む人々が増えることが，このことを物語っている（図3-9）。

■ 世代間で選好が逆転する韓国

　年齢別の違いを調べた図3-9で非常に極端な結果を示しているのが韓国である。高齢者が圧倒的に男の子を好み，60代ではおよそ3分の2に達するのに対して，若年層では選択が逆転し，女の子を好む人々が半数近くになる。世代間の考え方の違いが非常に大きい。

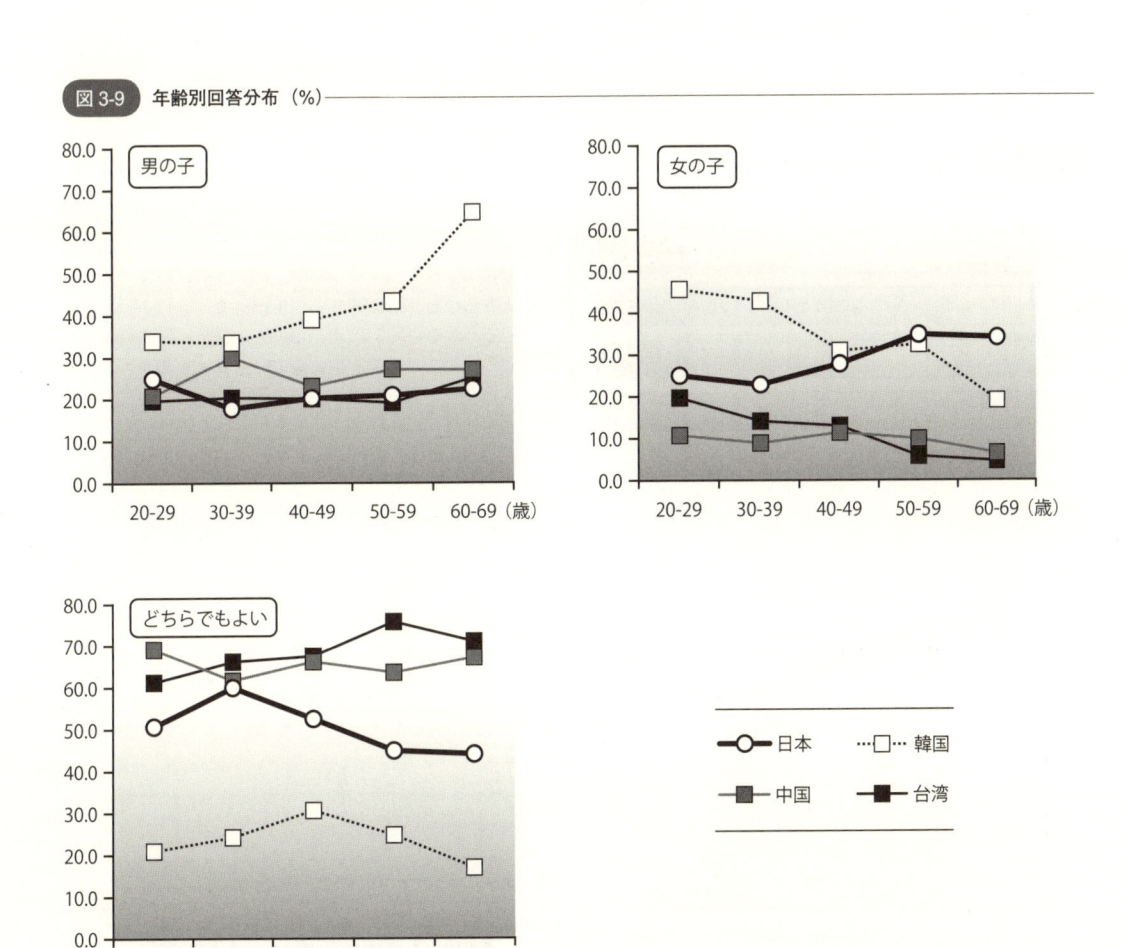

図 3-9 年齢別回答分布（%）

3.4 結婚しても，必ずしも子どもをもつ必要はない

結婚することと子どもをもつことは基本的に結びつけて考えられるが，現代社会では多様な家族形成が認められるようになってきた。結婚しても子どもをもつ必要はない，という考え方は，それぞれの国・地域でどのくらい浸透しているのだろうか。

■ 結婚と子育ての結びつきが強い韓国

図3-10は，結婚しても必ずしも子どもをもつ必要はないという考え方への賛否を示している。いずれの国・地域でもまだ少数派であるものの，ある程度の割合の人々がこの考えに賛成しており，例外的な価値観ではなくなっていることがわかる。その中で，韓国では反対者が8割近くを占め，結婚と子育てを結びつける規範意識がもっとも根強い。ただし，その韓国でも世代的な意識の変化は他の国・地域と同様に起こっており，若い世代では結婚と子育てをわけて考える人々が増えている（図3-11）。もう1つの注目点として，中国を除いて，男性よりも女性に賛成者が多いことがあげられる（図3-12）。どの国・地域でも，子育てを前提とした結婚に現実的な困難を感じる機会が多いであろう若年者や女性の間で，意識の変革が進んでいるようである。

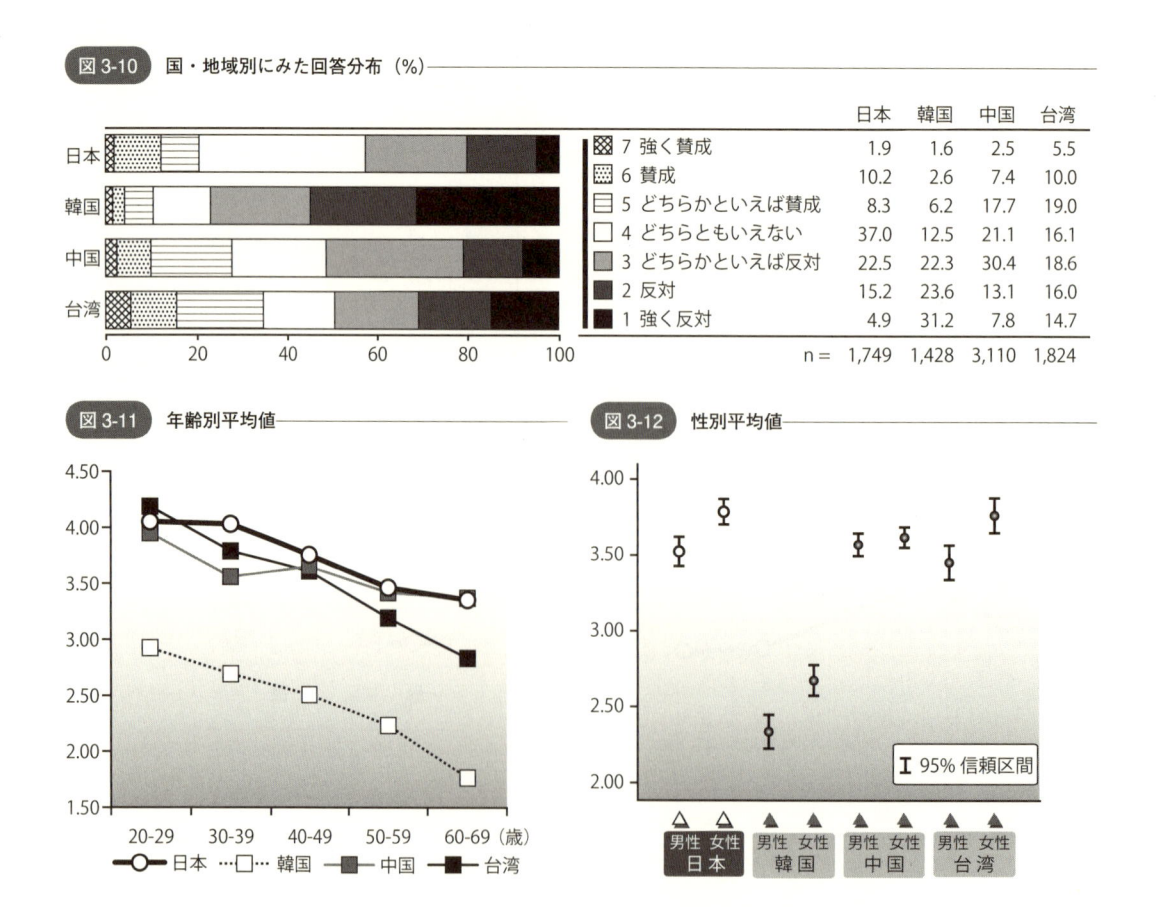

図 3-10 国・地域別にみた回答分布（％）

	日本	韓国	中国	台湾
7 強く賛成	1.9	1.6	2.5	5.5
6 賛成	10.2	2.6	7.4	10.0
5 どちらかといえば賛成	8.3	6.2	17.7	19.0
4 どちらともいえない	37.0	12.5	21.1	16.1
3 どちらかといえば反対	22.5	22.3	30.4	18.6
2 反対	15.2	23.6	13.1	16.0
1 強く反対	4.9	31.2	7.8	14.7
n =	1,749	1,428	3,110	1,824

図 3-11 年齢別平均値

図 3-12 性別平均値

3.5 家系の存続のためには，息子を少なくとも1人もつべきだ

Sec. 3.3（☞30頁）では，子どもの性別に対する選好の違いを調べたが，男の子と女の子のどちらを好むかには，家族制度に基づく規範意識と，日常生活のための意識が入り混じってくる。家系の存続という家族制度に絞り込んだ質問をした場合，東アジアの人々はやはり男の子（息子）を重視するのだろうか。

■ 父系制の弱まりと根強さ

図3-13をみると，どの国・地域でも息子の必要性に賛成する人々の方が，反対する人々よりも多い。息子の必要性をもっとも支持するのは韓国人であり，賛成派が反対派の2倍以上を占める。しかしながら，韓国におけるこの意見の強さを支えているのは高齢者であり，20〜30代の若年層では他の国・地域と同水準である（図3-14）。また，どの国・地域でも共通して男女の意識差が大きく，女性は息子の必要性をあまり支持しない（図3-15）。このように，家系の存続のために息子の必要性を主張する規範意識は女性を中心に崩れつつある。しかしながら，若年層の平均値が4.0前後であることからわかるように，その賛否は今なお拮抗しており，東アジアにおける父系制の根強さがうかがえる。

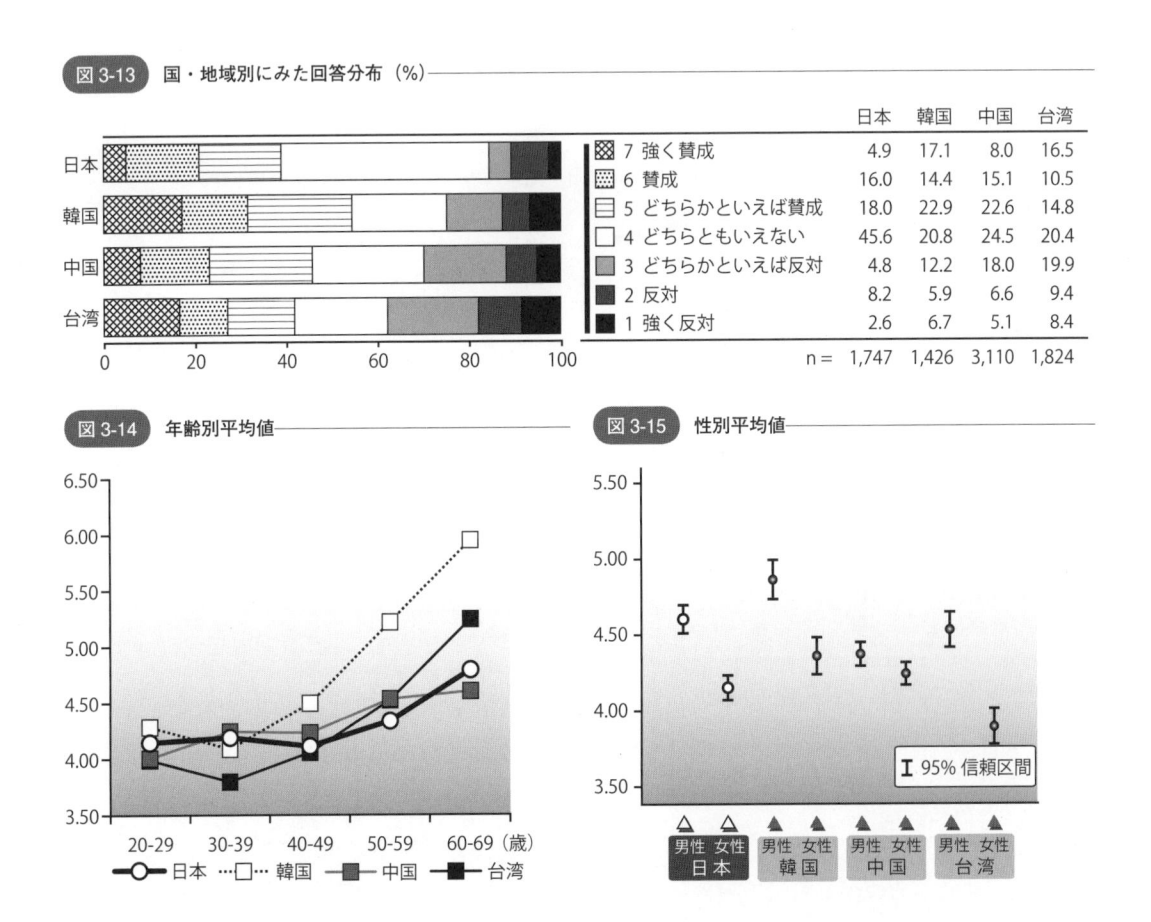

図3-13 国・地域別にみた回答分布（％）

	日本	韓国	中国	台湾
7 強く賛成	4.9	17.1	8.0	16.5
6 賛成	16.0	14.4	15.1	10.5
5 どちらかといえば賛成	18.0	22.9	22.6	14.8
4 どちらともいえない	45.6	20.8	24.5	20.4
3 どちらかといえば反対	4.8	12.2	18.0	19.9
2 反対	8.2	5.9	6.6	9.4
1 強く反対	2.6	6.7	5.1	8.4
n =	1,747	1,426	3,110	1,824

図3-14 年齢別平均値

図3-15 性別平均値

第4章

結婚観・離婚観

4.1　結婚している男性は，結婚していない男性より幸せだ

　第4章（Sec. 4.1～4.7）では，東アジアに住む人々が結婚に対してどのような意識をもっているのかを調べる。結婚と子育ての結びつきが弱まり，少子化が進行する東アジアにおいて，人々は結婚そのものについて肯定的な意識を保持しているのだろうか。男性の結婚と女性の結婚のそれぞれについて，人々はどのように考えているのかを調べてみる。まず男性の結婚からみてみよう。

■ 結婚肯定感の強い韓国人

　図 4-1 のとおり，日・韓・中・台のいずれでも，男性の結婚を幸福と考える人の方がそう考えない人の割合を上回っている。しかしながら，日本ではどちらともいえないと考える人が 6 割を占め，台湾では賛成派と反対派の割合が 1% 程度しか変わらないなど，結婚が幸福であることは当然ではなくなっている。その中で，結婚を肯定する人々が圧倒的に多いのが韓国である。韓国は，結婚すれば子どもをもつことを当然と考える人の割合も多く（Sec. 3.4 ☞ 32 頁），結婚と子育てを軸とする幸福な家族像を現在も保持している社会といえそうである。若年層では，韓国における結婚肯定感にも弱まりがみられるが，それでも他の国・地域に比べれば水準が高い（図 4-2）。ここでみたのは男性の結婚についての意識であるが，意外なことに男女の意識差はほとんどない（図 4-3）。

図 4-1 国・地域別にみた回答分布（%）

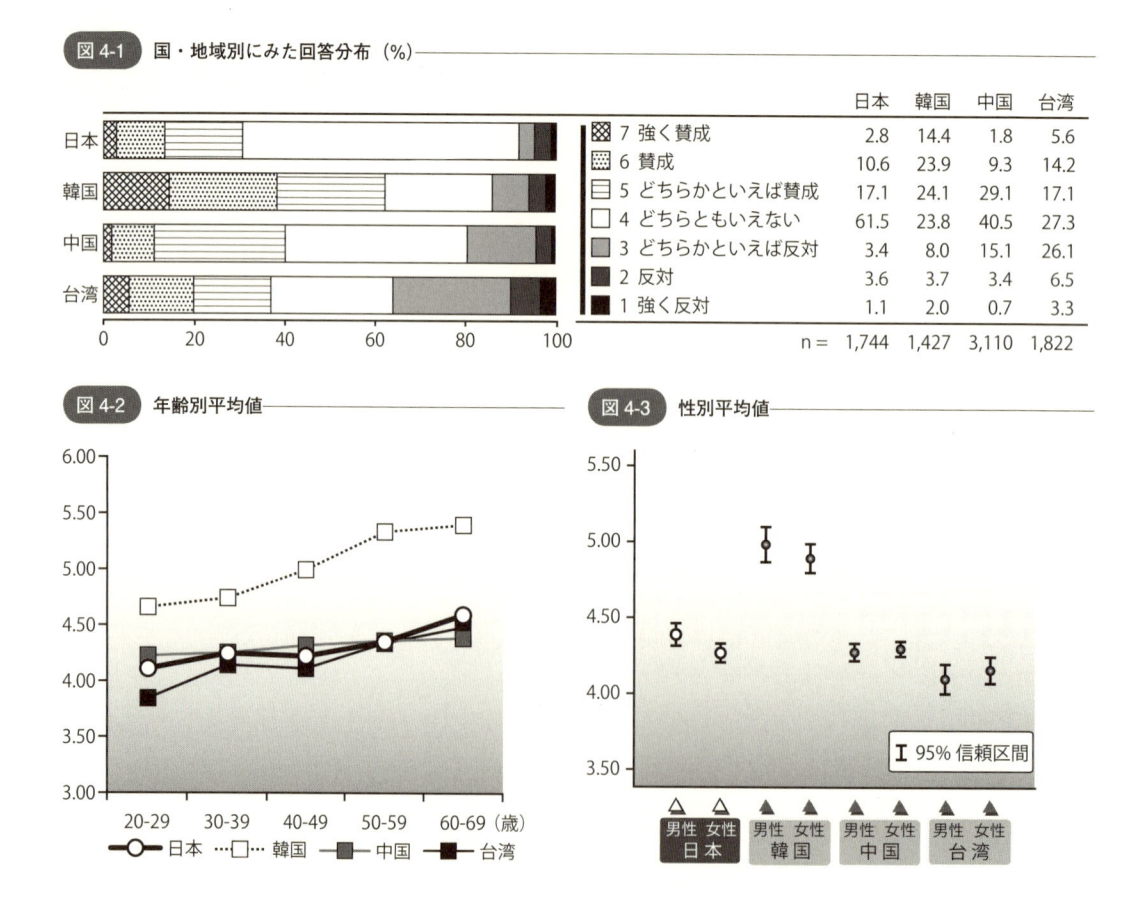

	日本	韓国	中国	台湾
7 強く賛成	2.8	14.4	1.8	5.6
6 賛成	10.6	23.9	9.3	14.2
5 どちらかといえば賛成	17.1	24.1	29.1	17.1
4 どちらともいえない	61.5	23.8	40.5	27.3
3 どちらかといえば反対	3.4	8.0	15.1	26.1
2 反対	3.6	3.7	3.4	6.5
1 強く反対	1.1	2.0	0.7	3.3
n =	1,744	1,427	3,110	1,822

図 4-2 年齢別平均値

図 4-3 性別平均値

4.2 結婚している女性は，結婚していない女性より幸せだ

　Sec. 4.1 では男性の結婚を幸福と考えるかどうかを調べたが，女性の結婚についてはどうだろうか。結婚は男性にも女性にも同じように幸福をもたらすと考えられているのか，それとも男女で異なると考えられているのだろうか。

■ 結婚以外の生き方を認める台湾女性

　結婚が女性にとって幸福かどうかを尋ねた結果が図 4-4 である。どの国・地域でも，男性の場合 (Sec. 4.1, 図 4-1) と分布が非常に似かよっている。しかし，よくみると台湾の人々は，女性の結婚を男性の場合よりも低く評価しており，否定派が肯定派を上回っている。細かく調べてみると，男性の結婚と女性の結婚にまったく同じ評価を与えている割合は，日・韓・中・台のそれぞれで 86.1％，76.5％，72.1％，64.2％であり，台湾の人々は女性の場合と男性の場合をわけて結婚の評価をしている。台湾で女性の結婚を低く評価しているのは女性自身であり (図 4-6)，特に若い人々による評価が低い (図 4-5)。台湾の女性は，夫が仕事，妻が家庭という考え方にも否定的である (Sec. 2.9 ☞ 22 頁)。ただし，結婚生活に満足していないわけではなく，むしろ他の国・地域よりも結婚満足感が高い (Sec. 5.8 ☞ 56 頁)。台湾の女性は，結婚を否定することなく他の生き方にも価値を認めている，と考えるべきだろう。

図 4-4　国・地域別にみた回答分布（％）

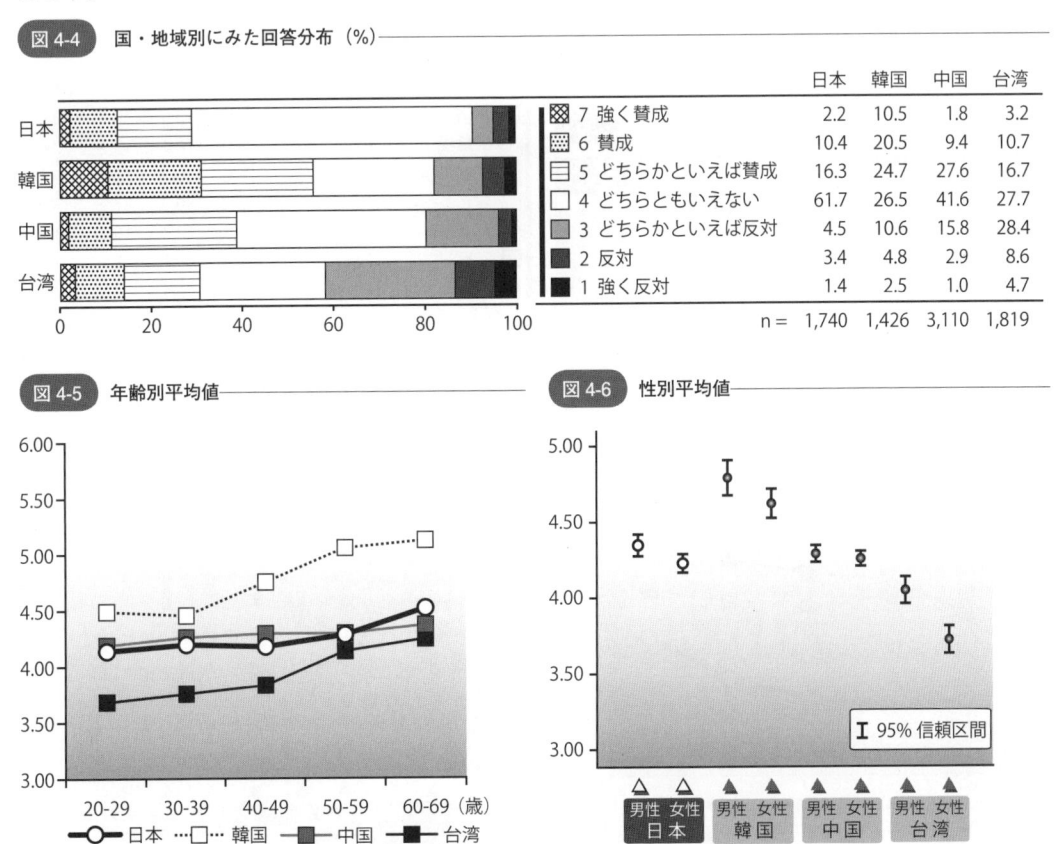

	日本	韓国	中国	台湾
7 強く賛成	2.2	10.5	1.8	3.2
6 賛成	10.4	20.5	9.4	10.7
5 どちらかといえば賛成	16.3	24.7	27.6	16.7
4 どちらともいえない	61.7	26.5	41.6	27.7
3 どちらかといえば反対	4.5	10.6	15.8	28.4
2 反対	3.4	4.8	2.9	8.6
1 強く反対	1.4	2.5	1.0	4.7
n =	1,740	1,426	3,110	1,819

図 4-5　年齢別平均値

図 4-6　性別平均値

4.3 夫は，妻より年上であるべきだ

　夫婦の関係はさまざまな面からとらえることができるが，その年齢差は一つの客観的な要素である。夫婦の年齢差は権力関係をもたらしたり，老後の生活設計を変えたりする。夫が妻よりも年上である傾向は多くの文化で共通にみられ，東アジアも例外ではない。人々はこの傾向をあるべき規範ととらえているのか，それとも個人の選択の結果なのだろうか。

■ 年上で「あるべき」ではないけれども……

　図 4-7 は，夫が妻よりも年上であるべきという考え方への賛否を示している。韓国・中国・台湾では，程度の違いはあるものの，賛成が反対を大きく上回る。これに対して，日本の回答はあいまいであり，じつに 7 割の人々がどちらともいえないと考えている。注意すべきことは，反対意見も少ないということであり，「年齢など関係ない」と考えているわけではない。結婚は個人の自由と考えながらも，はっきりとした意見が定まらない様子がみられる。他の国・地域では，夫が年上であることを支持する人々が多数派であるものの，意見の対立もみられる。韓国では，世代間のギャップが大きく，若い人々の考えは日本の状況に近づいている（図 4-8）。また，台湾では女性による支持が男性による支持よりも強い傾向がみられる（図 4-9）。

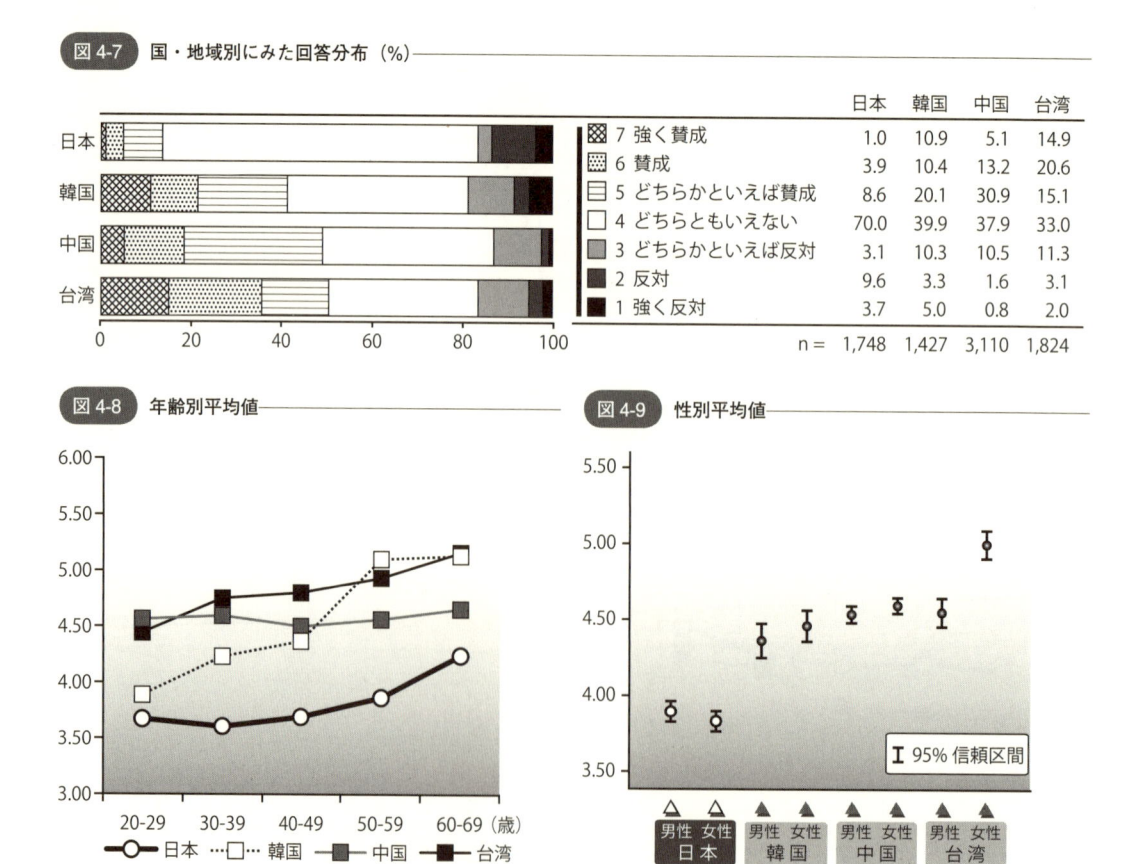

図 4-7　国・地域別にみた回答分布 (%)

	日本	韓国	中国	台湾
7 強く賛成	1.0	10.9	5.1	14.9
6 賛成	3.9	10.4	13.2	20.6
5 どちらかといえば賛成	8.6	20.1	30.9	15.1
4 どちらともいえない	70.0	39.9	37.9	33.0
3 どちらかといえば反対	3.1	10.3	10.5	11.3
2 反対	9.6	3.3	1.6	3.1
1 強く反対	3.7	5.0	0.8	2.0
n =	1,748	1,427	3,110	1,824

図 4-8　年齢別平均値

図 4-9　性別平均値

4.4　夫と妻の年齢差

Sec. 4.3 では，夫婦の年齢差についての意識を調べたが，現実には夫と妻の年齢差はどのくらいあるのだろうか。規範の強弱を反映して，それぞれの国・地域で現実の様子も異なるのだろうか。

■ 非常に少ない年上の妻

図 4-10 は，それぞれの国・地域における夫婦の年齢差を 1 歳刻みで調べた結果である。夫婦の年齢差が 1 歳以内の場合は，同級生の可能性があるためほぼ同年齢とみなし，妻が年上（2 歳以上），ほぼ同年齢（年齢差が 1 歳以内），夫が年上（2 歳以上）の 3 つに分けた割合をグラフの上に示している。Sec. 4.3 ではどの国・地域でも強い規範意識がみられなかったにもかかわらず，現実には夫が年上のケースが大半で，妻が年上のケースはほとんどみられない。妻が年上である割合がもっとも高い日本でも，わずか 7.2％である。また，台湾では夫がかなり年上である場合も多く，年齢差が 10 歳以上の夫婦が約 9％，20 歳以上の夫婦も約 2％いる。

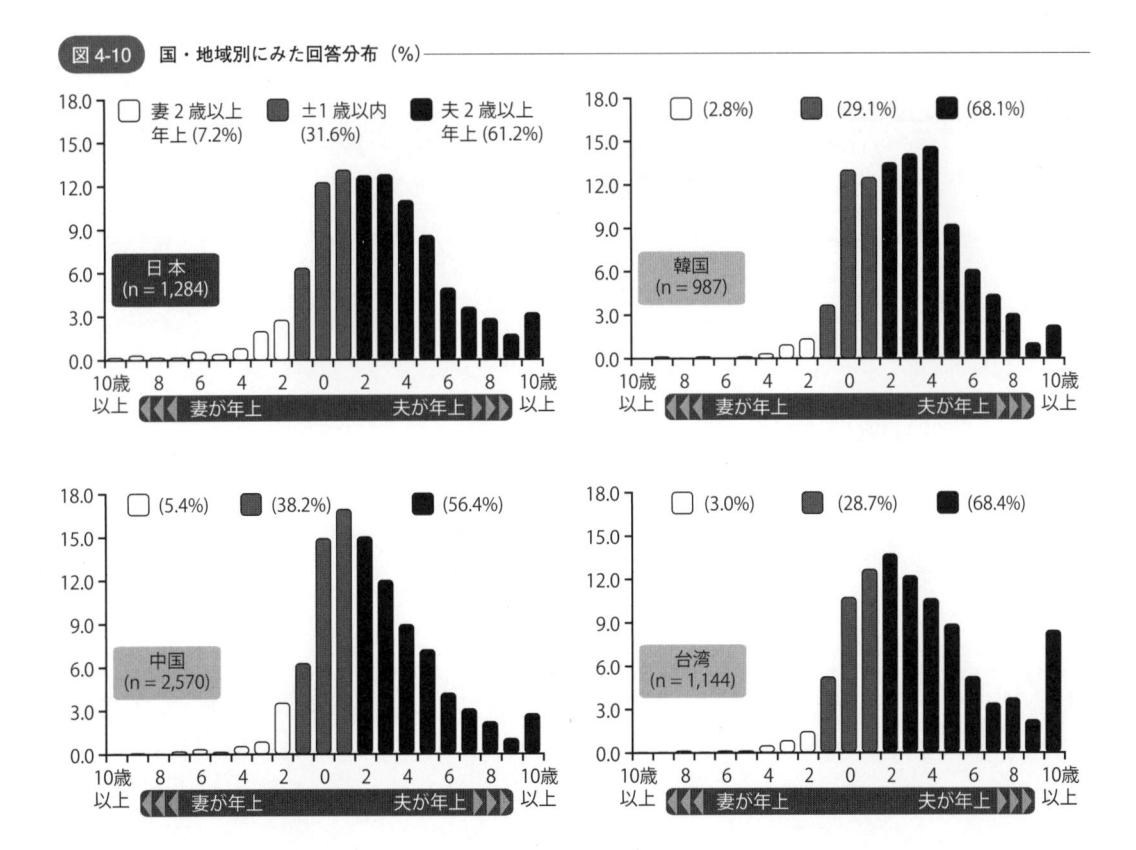

図 4-10　国・地域別にみた回答分布（％）

■ 夫婦の年齢差が縮まる日本

　このように夫が年上の夫婦が大半を占める傾向は，近年の時代の変化にかかわらず安定しているのだろうか。世代別に年齢差（夫の年齢−妻の年齢）の平均値を調べると，どの国・地域でも少なからず変動があり，夫婦の年齢差が縮まっている（図4-11）。しかし，韓国・中国・台湾については，40代以下の人々では変化が落ち着いている。これに対して，日本では激しい変化が続いており，20代では夫婦の年齢差は平均1.0歳程度にまで縮小した。細かく調べてみると，日本で増えているのはほぼ同年齢の夫婦であり，年齢差が1歳以内の夫婦は30代では44.6%，20代では58.3%に達する。一方で，妻が年上の夫婦は増えていない。程度は弱いが，同年齢の夫婦が増える傾向は韓国にもみられる。日本でみられる夫婦の年齢差に対するあいまいな規範意識（Sec. 4.3 ☞ 38頁）は，このような近年の変化に対応しているのだろう。

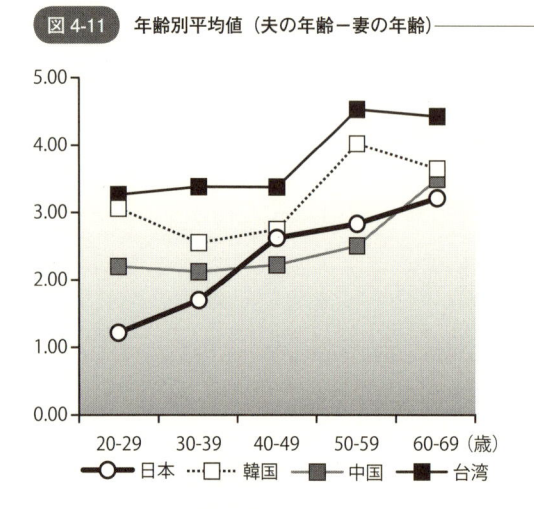

図4-11　年齢別平均値（夫の年齢−妻の年齢）

4.5　結婚するつもりがなくても，男女が同棲するのはかまわない

　結婚制度をおびやかす同棲や婚外子の広がりは，伝統的な規範からは否定的にみられるものであるが，近年では少子化を食い止める肯定的な面も強調されている。ヨーロッパに比べて同棲や婚外子が一般的ではない東アジアにおいて，規範意識はどのように変化しているのだろうか。同棲に対する賛否を調べてみよう。

■　同棲を認めつつある東アジアの若者

　図 4-12 は，「結婚を前提としない同棲」に対する賛否を示している。全体的には，東アジアの規範意識がやはり同棲に否定的であることがわかる。特に，韓国では同棲を認めない意識が強く，反対が 6 割に対して賛成は 2 割にとどまっている。ただし，図 4-13 のように，世代間で意識の隔たりが大きく，特に韓国や台湾ではその差が激しい。若年者は，どの国・地域でも同棲に対して寛容な態度を示しており，日本や台湾の若年者に限れば賛成派が反対派を上回っている（平均値が 4.0 以上）。男女の間では差がほとんどみられない（図 4-14）。

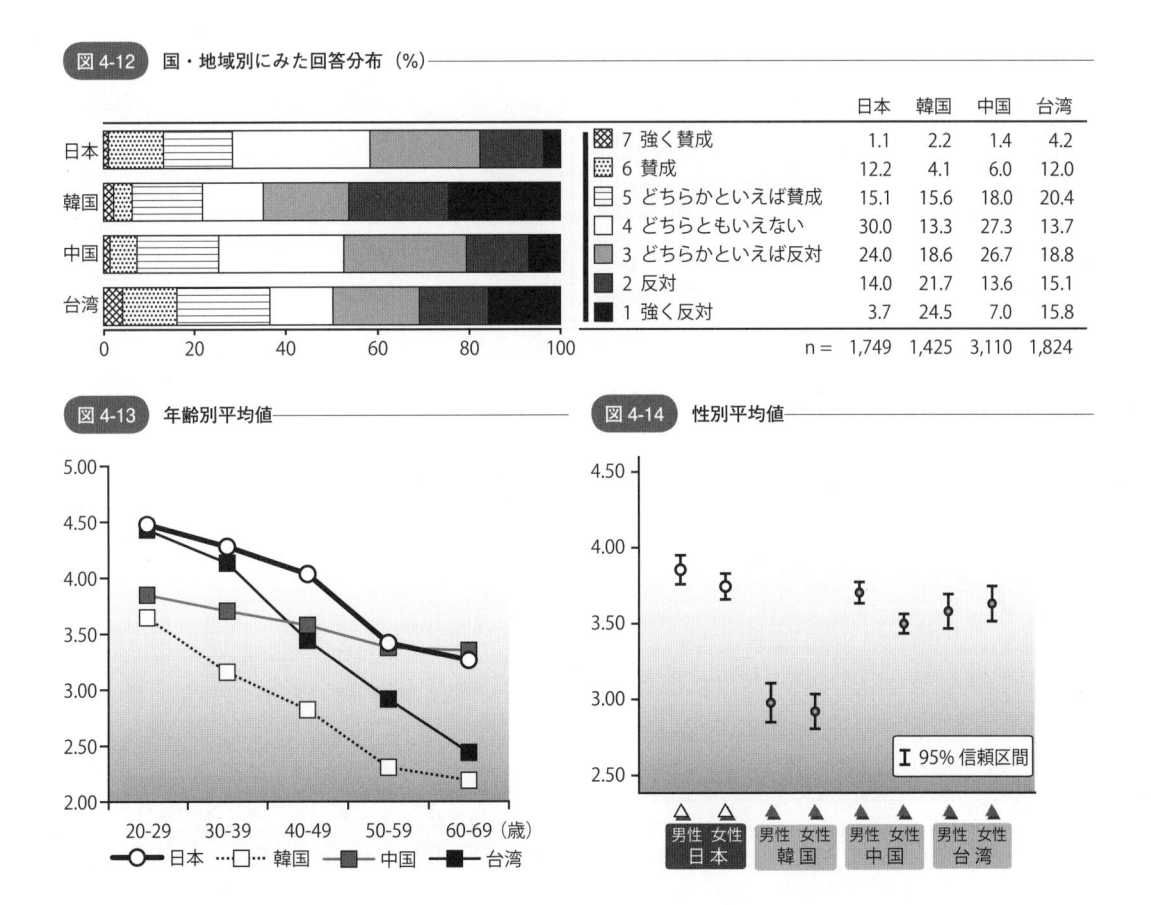

図 4-12　国・地域別にみた回答分布（%）

	日本	韓国	中国	台湾
7 強く賛成	1.1	2.2	1.4	4.2
6 賛成	12.2	4.1	6.0	12.0
5 どちらかといえば賛成	15.1	15.6	18.0	20.4
4 どちらともいえない	30.0	13.3	27.3	13.7
3 どちらかといえば反対	24.0	18.6	26.7	18.8
2 反対	14.0	21.7	13.6	15.1
1 強く反対	3.7	24.5	7.0	15.8
n =	1,749	1,425	3,110	1,824

図 4-13　年齢別平均値

図 4-14　性別平均値

4.6 結婚生活がうまくいかなくなったら，たいていの場合，離婚するのが一番よい

　東アジアでは，結婚しないよりもする方が幸福と考える人々が多かった（Sec. 4.1～4.2 ☞ 36-37頁）。では，結婚の解消についてはどのように考えているのだろうか。離別者の割合は，現状ではけっして高くない（Sec. 1.2, 図1-6 ☞ 12頁）。しかし，いずれの国・地域でも離婚率の上昇が指摘されており，離婚に対する態度を調べれば，その将来を占うことができるだろう。

■ 離婚を容認する中国人

　図4-15は，離婚に対する賛否を比較した結果である。どの国・地域でも，賛成と反対のいずれかに極端な偏りはみられず，離婚に対する社会的態度が定まっていない様子がうかがえる。そのなかで，日本は「どちらともいえない」という人々が多く，個人的な態度もはっきりしない。比較的離婚に肯定的なのは中国であり，反対派が約3割，賛成派が5割である。回答者に占める離別者の割合がもっとも低い中国（Sec. 1.2, 図1-6）で離婚を認める意識が広まっていることは意外に思える。現在の離別者の割合は過去数十年の離婚の積み重ねなので，近年の激しい変化の結果がまだ現れていないのだろうか。離婚に対する態度は，年齢や性別が違ってもほとんど変わらない（図4-16，図4-17）。離婚に対する社会的態度の変容は，時代的な動きのようである。

図4-15　国・地域別にみた回答分布（%）

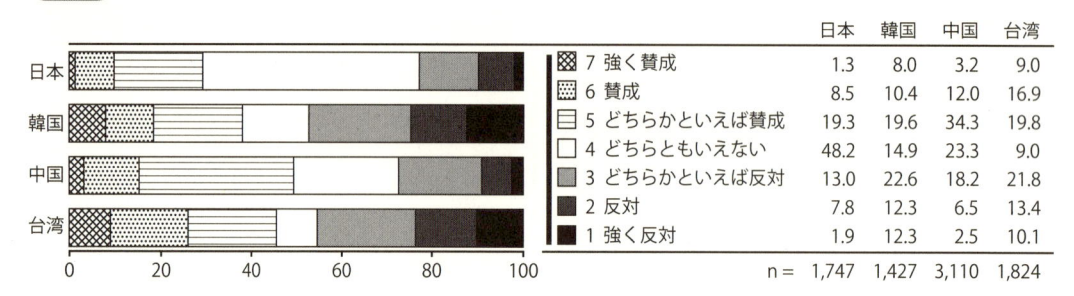

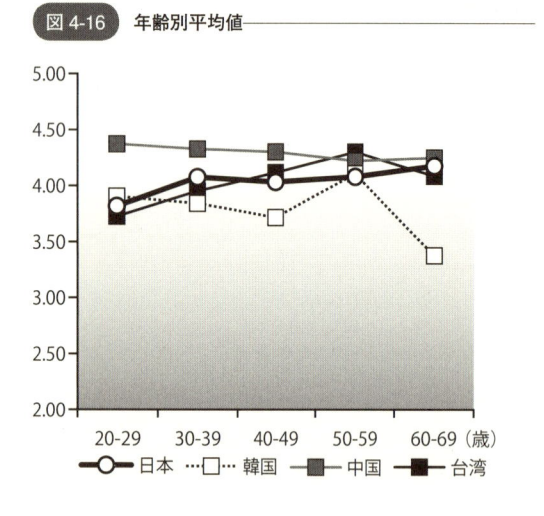

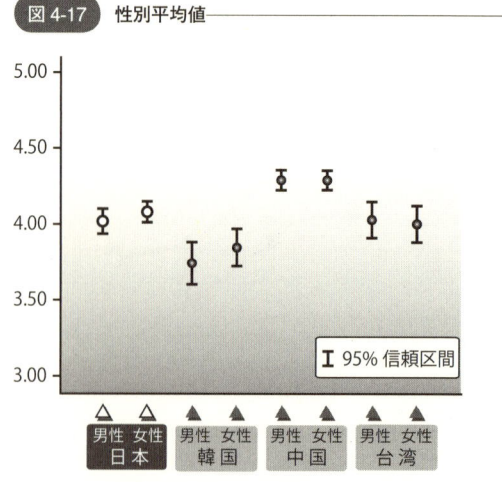

	日本	韓国	中国	台湾
7 強く賛成	1.3	8.0	3.2	9.0
6 賛成	8.5	10.4	12.0	16.9
5 どちらかといえば賛成	19.3	19.6	34.3	19.8
4 どちらともいえない	48.2	14.9	23.3	9.0
3 どちらかといえば反対	13.0	22.6	18.2	21.8
2 反対	7.8	12.3	6.5	13.4
1 強く反対	1.9	12.3	2.5	10.1
n =	1,747	1,427	3,110	1,824

図4-16　年齢別平均値

図4-17　性別平均値

4.7 離婚したくても，子どもが大きくなるまで待つべきだ

世の中で離婚が認められにくい大きな理由の一つは，離婚した夫婦の間にもうけられた子どもの養育が複雑になるためと考えられる。子育てのために離婚を抑制しようとする考え方は，どの国・地域でも一般的なものなのだろうか。

■ 子育て中でも離婚を認める台湾人

図 4-18 は，子どもが大きくなるまでは離婚をすべきでないという考え方への賛否を示している。離婚自体への賛否（Sec. 4.6）に比べると，それぞれの国・地域による考え方の違いがはっきりしている。子育てのために離婚を抑制するという考え方がもっとも強いのは韓国である。ただし，年齢による考え方の違いを調べると，韓国では世代間の差が大きく，若年者に限れば他の国・地域と変わらない態度をもっていることがわかる（図 4-19）。子育て中の離婚を認めようとする考え方が強いのは台湾であり，韓国とちょうど正反対の分布になっている。台湾人のこの態度は，特に女性に顕著であり（図 4-20），結婚以外の生き方にも価値を認めようとする台湾女性（Sec. 4.2 ☞ 37 頁）の考え方がここにも表れている。

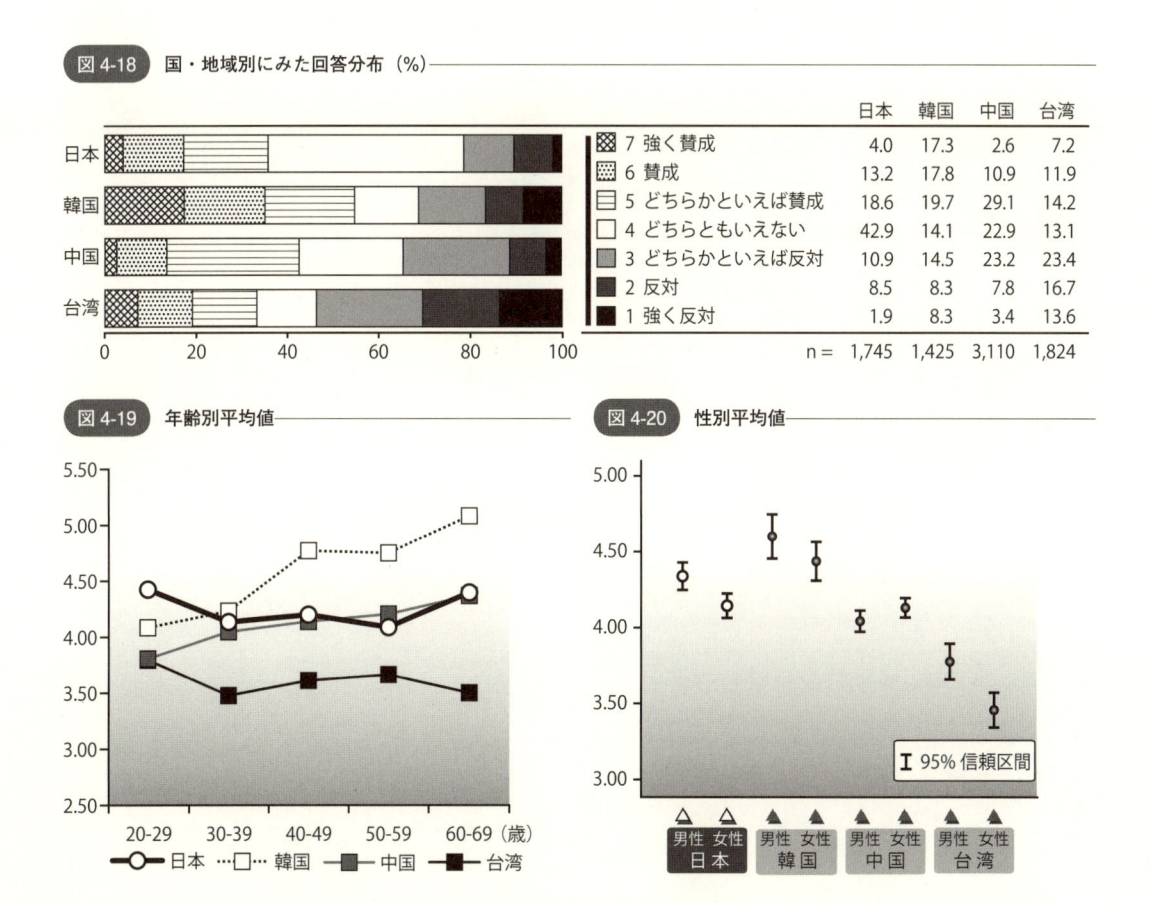

図 4-18 国・地域別にみた回答分布（%）

	日本	韓国	中国	台湾
7 強く賛成	4.0	17.3	2.6	7.2
6 賛成	13.2	17.8	10.9	11.9
5 どちらかといえば賛成	18.6	19.7	29.1	14.2
4 どちらともいえない	42.9	14.1	22.9	13.1
3 どちらかといえば反対	10.9	14.5	23.2	23.4
2 反対	8.5	8.3	7.8	16.7
1 強く反対	1.9	8.3	3.4	13.6
n =	1,745	1,425	3,110	1,824

図 4-19 年齢別平均値

図 4-20 性別平均値

第 5 章

配偶者選択・夫婦関係

5.1　あなたは配偶者の方とどのようなかたちで出会いましたか

　多くの人々にとって，結婚は人生最大のイベントのひとつである。第5章（Sec. 5.1～5.8）では，東アジアの人々がどのようにして結婚相手を選択し，どのような夫婦関係を取り結んでいるのかを調べる。ここでは，まず結婚を大きく，見合い・紹介・それ以外の3つにわけて，結婚相手との出会い方を調べてみよう。

■　**自分でみつける日本，見合いが残る韓国，紹介の多い中国**

　図5-1は，結婚相手との出会い方を3つにわけて，日・韓・中・台の違いを示している。結婚したことのない人々や離別した人々は，集計から除いている。結婚のために引き合わされた場合を「見合い」，他の理由で誰かをとおして知り合った場合を「人からの紹介」としており，それ以外の「見合いでも紹介でもない」は，特に誰かをとおさずに自分で出会いをみつけた場合である。一見してわかるように，国・地域によってその構成は大きく異なっている。日本では半数が自分で相手をみつけており，残りが見合いと紹介にわかれる。韓国では3つの出会いがおよそ等分であり，他の国・地域と比べると見合いが多い。中国や台湾では，ともに人からの紹介が他の国・地域よりも多く，特に中国では6割近くにおよぶ。台湾では，自分でみつけた場合も多い。

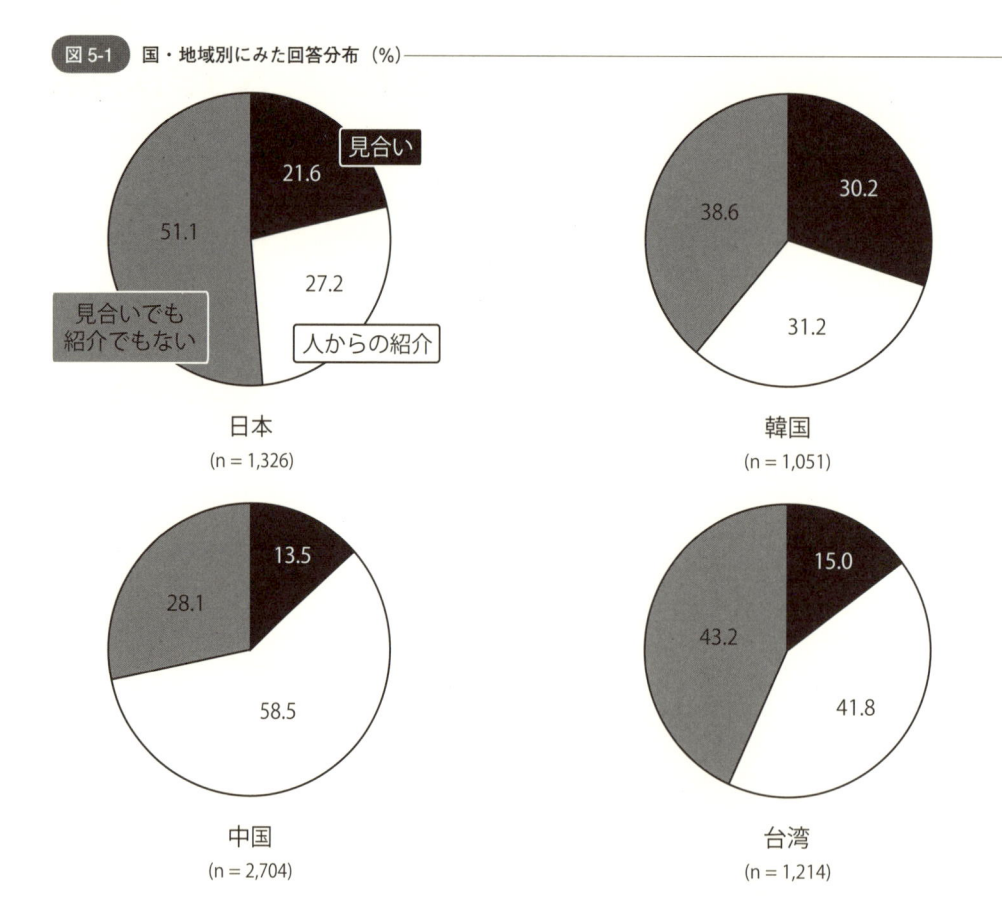

図5-1　国・地域別にみた回答分布（％）

日本 (n = 1,326)
- 見合い: 21.6
- 人からの紹介: 27.2
- 見合いでも紹介でもない: 51.1

韓国 (n = 1,051)
- 見合い: 30.2
- 人からの紹介: 31.2
- 見合いでも紹介でもない: 38.6

中国 (n = 2,704)
- 見合い: 13.5
- 人からの紹介: 58.5
- 見合いでも紹介でもない: 28.1

台湾 (n = 1,214)
- 見合い: 15.0
- 人からの紹介: 41.8
- 見合いでも紹介でもない: 43.2

■ 見合い1割，紹介4割，自分で5割の20代

　世代による出会い方の違いを調べると，この数十年で大きな変化があったことがわかる（図5-2）。どの国・地域にも共通していることは，近年，見合いが減少し，自分でみつける場合が増加していることである。人からの紹介については，国・地域によって増減が異なり，日本や韓国では増えているのに対して，中国や台湾ではむしろ減っている。若い世代に注目すると，20代ではどの国・地域でも，見合いが1割，紹介が4割，自分でみつけた場合が5割程度で，ほぼ同じ構成になっている。以前の世代では，韓国で見合いが多く，中国で紹介が多いなど，それぞれの際立った特徴が存在したが，近年ではその差異が消滅し，東アジアにおける結婚相手との出会い方は非常に似かよってきているようである。ただし，20代での構成が似ていることには，世代による変化だけでなく，若くして結婚する人々が似た特徴をもっていることも影響しているので，30代にみられる程度の違いはいまも残っていると考えるべきかもしれない。

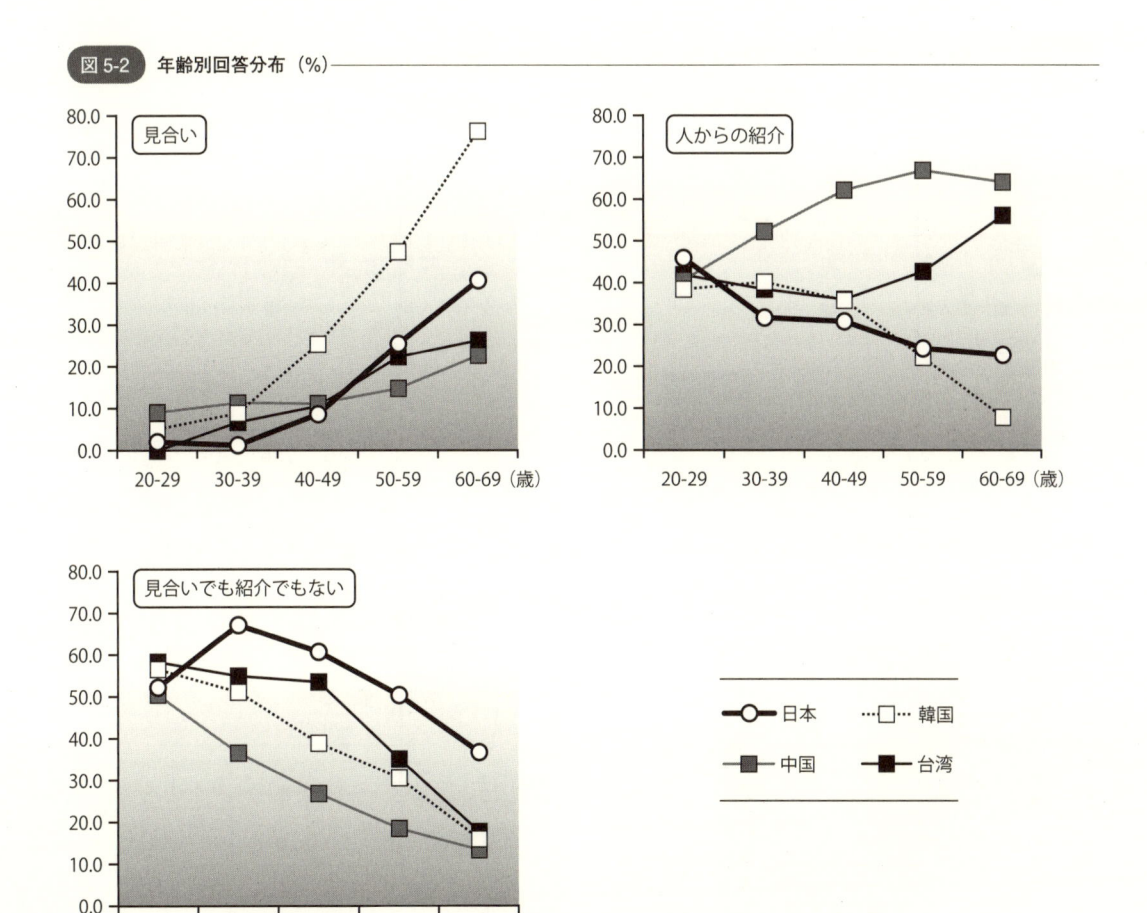

図 5-2　年齢別回答分布（%）

5.2 どなたがお相手を紹介したり，見合いの準備をしたりしましたか

Sec. 5.1（☞ 46 頁）では，結婚相手との出会い方の違いを調べ，韓国で見合いが多いことや中国で紹介が多いことがわかった。では，見合いや紹介のセッティングは，誰がしているのだろうか。

■ 親・親族をとおした見合い，友人による紹介

図 5-3 は，見合いの準備や結婚相手の紹介をしたのが誰なのかを示している。ただし，調査設計の都合で，中国のデータには見合いをした人しか含まれず，紹介で結婚した人が含まれていないので，日・韓・台に絞って比較をしよう。共通していることは，1 位と 2 位が「親・その他の親族」と「友人・クラスメイト」で占められていることである。親・親族をとおした見合いと，友人による紹介が主なルートということだろう。台湾では，友人の占める割合が特に大きい。3 位以下には，それぞれの国・地域の特徴が現れている。日本では，会社の同僚と近所の人が並ぶのに対して，韓国では近所の人の方が大きくまさっている。台湾で「結婚相手を紹介する個人や機関」の割合が高いのは特徴的であり，親・親族に近い割合を占めている。

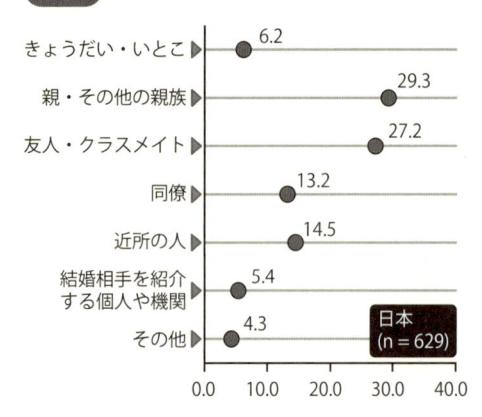

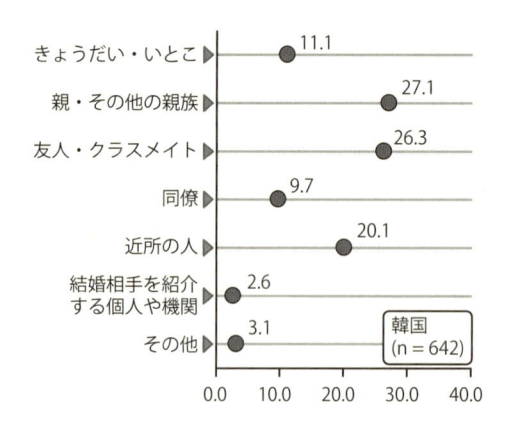

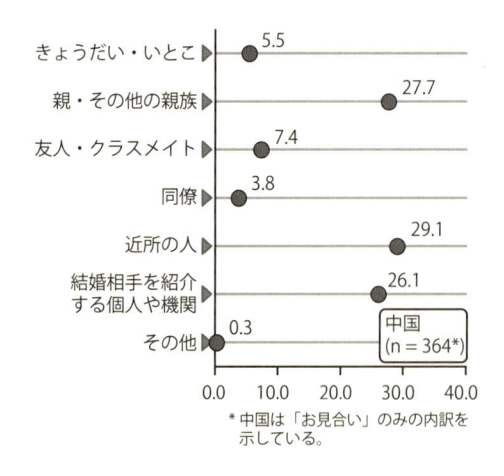

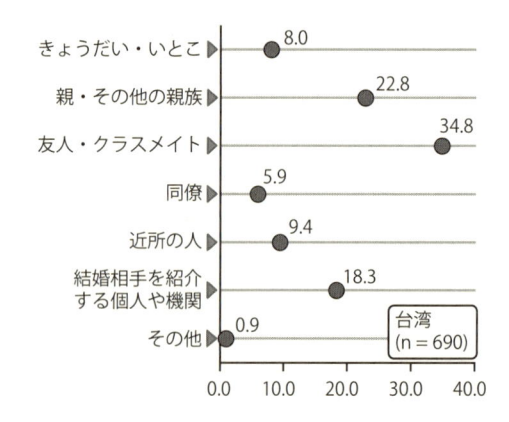

図 5-3 国・地域別にみた回答分布（%）

日本（n = 629）
- きょうだい・いとこ: 6.2
- 親・その他の親族: 29.3
- 友人・クラスメイト: 27.2
- 同僚: 13.2
- 近所の人: 14.5
- 結婚相手を紹介する個人や機関: 5.4
- その他: 4.3

韓国（n = 642）
- きょうだい・いとこ: 11.1
- 親・その他の親族: 27.1
- 友人・クラスメイト: 26.3
- 同僚: 9.7
- 近所の人: 20.1
- 結婚相手を紹介する個人や機関: 2.6
- その他: 3.1

中国（n = 364*）
- きょうだい・いとこ: 5.5
- 親・その他の親族: 27.7
- 友人・クラスメイト: 7.4
- 同僚: 3.8
- 近所の人: 29.1
- 結婚相手を紹介する個人や機関: 26.1
- その他: 0.3

台湾（n = 690）
- きょうだい・いとこ: 8.0
- 親・その他の親族: 22.8
- 友人・クラスメイト: 34.8
- 同僚: 5.9
- 近所の人: 9.4
- 結婚相手を紹介する個人や機関: 18.3
- その他: 0.9

* 中国は「お見合い」のみの内訳を示している。

5.3　どこで配偶者の方と出会いましたか

　Sec. 5.1（☞ 46頁）では，結婚相手との出会い方を調べ，日本では見合いでも紹介でもなく，自分でみつけた場合が多いことがわかった。では，そのような出会いはどこで生まれているのだろうか。見合いや紹介以外の場合に，結婚相手と出会った場所について調べよう。

■ 近隣が出会いの場になる韓・中

　図 5-4 は，見合いでも紹介でもない結婚について，結婚相手と出会った場所を示している。どの国・地域でも，出会いの場所の 1 位は「職場」である。特に，日本と台湾では職場の割合は他を大きく引き離しており，半数をこえている。日本と台湾は他の面でもよく似ており，2 位はともに「学校」で，約 15％の人々が何らかの学校で結婚相手と知り合っている。一方で，韓国と中国における出会いの場の 2 位は「近所」である。韓国や中国では，見合いや紹介についても近所の人に頼る場合が多く（Sec. 5.2，図 5-3），結婚相手の決定において近隣地域がはたしている役割が大きいことがうかがえる。なお，それぞれの国・地域で，「その他の機会」での出会いが 2 割程度あることも見逃せない。たとえば，日本では趣味や遊びの場での出会いが多く，中国では親戚関係の集まりが出会いの場となることが多いようである。

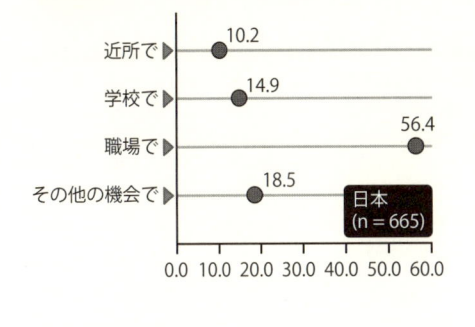

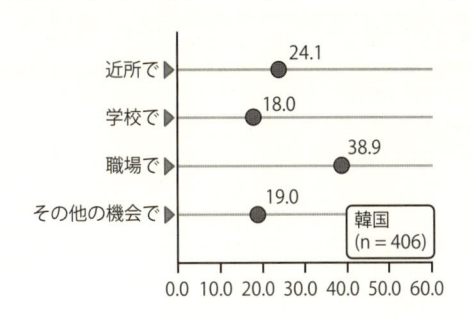

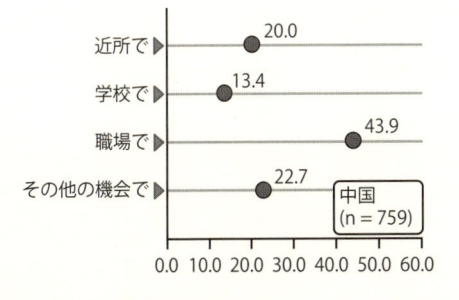

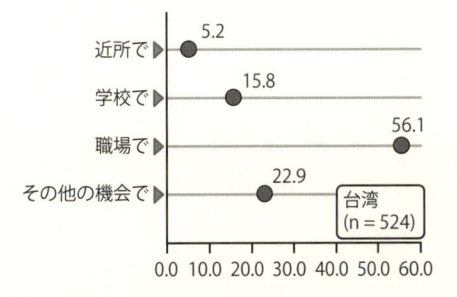

図 5-4　国・地域別にみた回答分布（％）

日本（n = 665）
- 近所で：10.2
- 学校で：14.9
- 職場で：56.4
- その他の機会で：18.5

韓国（n = 406）
- 近所で：24.1
- 学校で：18.0
- 職場で：38.9
- その他の機会で：19.0

中国（n = 759）
- 近所で：20.0
- 学校で：13.4
- 職場で：43.9
- その他の機会で：22.7

台湾（n = 524）
- 近所で：5.2
- 学校で：15.8
- 職場で：56.1
- その他の機会で：22.9

5.4　あなたが配偶者の方との結婚を決めた時，あなたの親の意見はどの程度影響しましたか

　結婚は本人同士のことではあるが，親族にとっても大切な決定である。特に，親にとって子どもの結婚相手は重要で，子どもの将来と親たちの老後，そして家系の存続ともかかわってくる。現在の東アジアで，親の意見は結婚にどのくらい影響しているのだろうか。

■ 親の影響が強い韓国

　図5-5は，結婚相手の決定に，親の意見がどのくらい影響したかを示している。結婚したことのない人々や離別した人々は，集計から除いている。どの国・地域でもある程度の影響がみられるが，親の影響がもっとも強いのは韓国である。これは，韓国で見合い結婚が多いこと（Sec. 5.1 ☞ 46頁）と関連しているのだろう。ただし，韓国で親の影響が強いのは古い世代に限られている（図5-6）。最近の世代では親の影響は小さくなっており，他の国・地域との差はほとんどない。韓国だけでなく，親の影響が小さくなっているのは，どの国・地域にも共通であり，見合い結婚の減少（Sec. 5.1, 図5-2 ☞ 47頁）とも関連しているものと思われる。性別による違いに注目すると，どの国・地域でも女性の方が親の影響を受けており，特に日本や台湾でその傾向が強い（図5-7）。このことから，親が結婚に口を出すのは，家系の存続よりもむしろ子どもの将来を案じてのことと予想される。

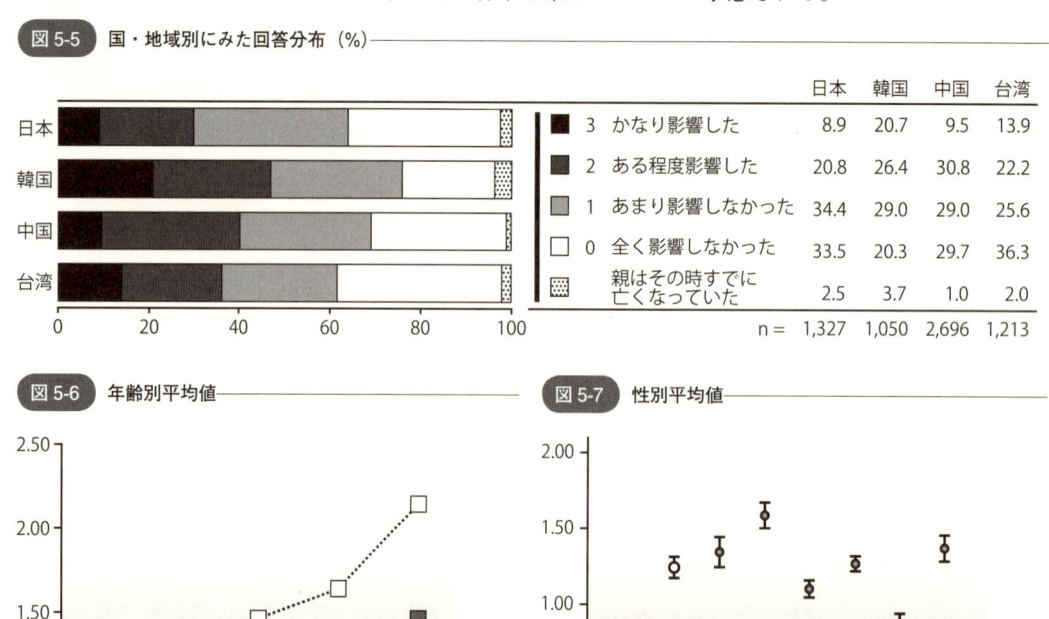

図5-5　国・地域別にみた回答分布（％）

	日本	韓国	中国	台湾
3　かなり影響した	8.9	20.7	9.5	13.9
2　ある程度影響した	20.8	26.4	30.8	22.2
1　あまり影響しなかった	34.4	29.0	29.0	25.6
0　全く影響しなかった	33.5	20.3	29.7	36.3
親はその時すでに亡くなっていた	2.5	3.7	1.0	2.0
n =	1,327	1,050	2,696	1,213

図5-6　年齢別平均値

図5-7　性別平均値

5.5　現在の結婚は，あなたにとって初めての結婚ですか

それぞれの国・地域における人々の婚姻状態は，Sec. 1.2 の図 1-6（☞ 12 頁）で示しているが，ここでは，有配偶者に占める初婚・再婚の割合を調べる。再婚の広がりは，離婚とともに複雑な構成の家族を生みだす一因になる。東アジアで再婚は広がっているのだろうか。

■ 再婚の広がる日本

図 5-8 は，現在結婚している人々について，その結婚が初婚かどうかを尋ねた結果である。日本の再婚率が 4.7％とやや高く，他の国・地域よりも再婚が広がっていることがわかる。再婚率の高さは，離婚率の高さ（Sec. 1.2, 図 1-6）とおよそ対応している。年齢別のグラフには，日本の再婚の特殊性が現われている（図 5-9）。他の国・地域では 20 代で結婚している人々はほぼ 100％が初婚であるのに対して，日本では 5％近くが再婚で占められている。つまり，最初の結婚を解消した人々が早期に再婚しており，再婚による家族の再構築が一般的なものになっていることがわかる。また，図 5-10 からは，どの国・地域でも女性より男性の再婚の方が多い傾向が示されており，再婚のしやすさには男女の差異が存在している。

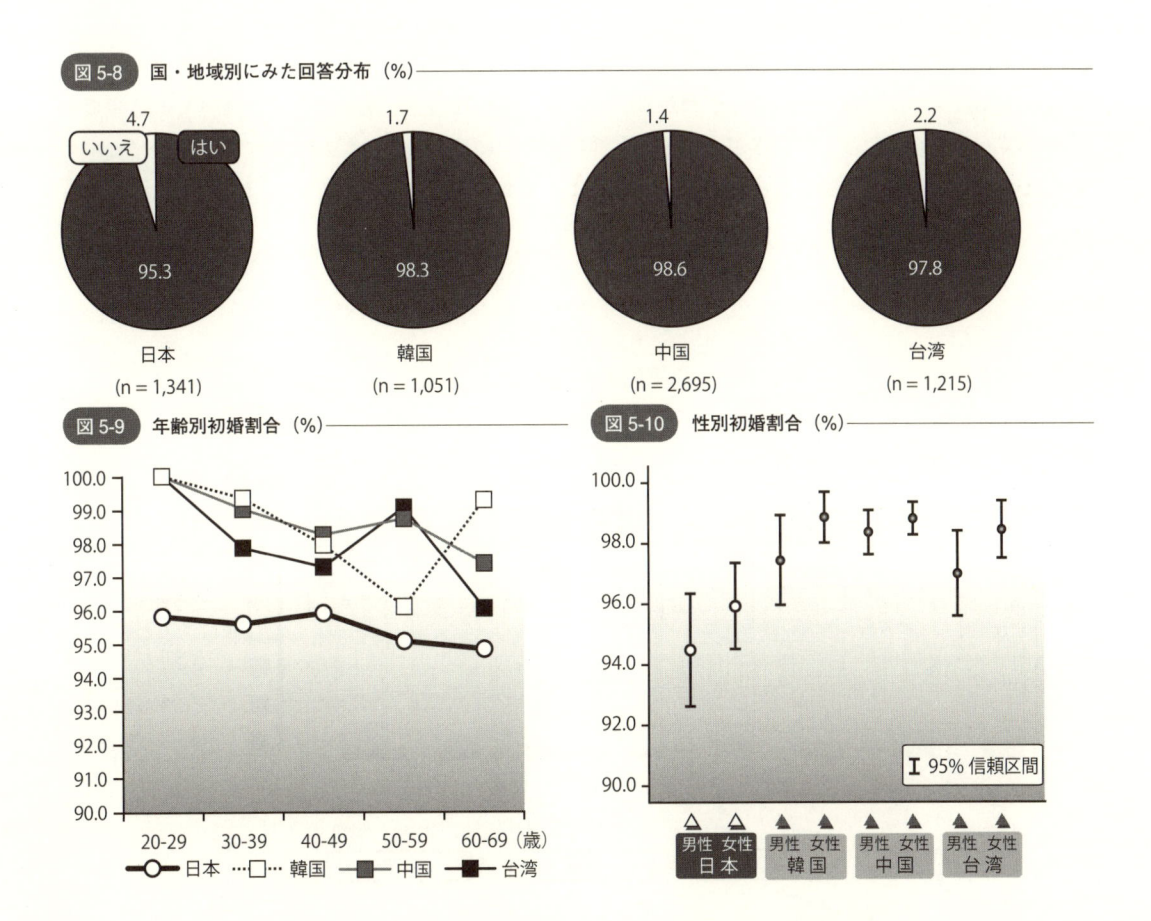

図 5-8　国・地域別にみた回答分布（％）

日本 (n = 1,341)	韓国 (n = 1,051)	中国 (n = 2,695)	台湾 (n = 1,215)
いいえ 4.7 / はい 95.3	1.7 / 98.3	1.4 / 98.6	2.2 / 97.8

図 5-9　年齢別初婚割合（％）

図 5-10　性別初婚割合（％）

5.6　あなたの配偶者は，あなたの悩みを聞いてくれますか

　多くの人々にとって，配偶者は精神的な支えとなるもっとも重要なパートナーであり，家庭の内外で直面するさまざまな悩みごとについて身近な相談相手になることが期待される。しかし，そのような関係がうまく続かずに，精神的に疎遠な夫婦がいることも事実である。東アジアの夫婦は，精神的なつながりをどのくらい維持できているのだろうか。ここでは，配偶者が悩みを聞いてくれる程度によってそれを調べてみよう。

■　夫に悩みを聞いてもらえない日本の女性

　図 5-11 は，配偶者が悩みを聞いてくれる程度を調べた結果である。夫婦の関係なので，集計は男性（夫）と女性（妻）にわけて整理した。結婚したことがない人々や離・死別によって配偶者を失った人々は，集計から除いている。「悩みを聞いてもらえていない」とはっきり感じている人々（1～3の回答）は，どの国・地域でも非常に少数であり2割以下である。大半の夫婦が配偶者に悩みを聞いてもらえており，良好な関係を築いているようである。その中で程度の違いを比べると，韓国の夫婦がもっともよく悩みを聞いてもらえており，日本の夫婦は比較的聞いてもらえていない。また，男女の違いに注目すると，どの国・地域でも女性の方が悩みを聞いてもらえていない。つまり，妻に比べると夫は相手の悩みをあまりよく聞いていないようである。図 5-13 で男女別の平均値を比べるとこの差はよりわかりやすく，日本や韓国で男女の差が大きいことが読みとれる。また，このグラフから日本の女性の状態がとりわけ悪いことがわかる。日本の男性は他の国・地域の人々と比べて遜色のない程度に悩みを聞いてもらえているが，日本の女性は明らかに他からかけ離れて値が低い。特に日本人の夫は妻の悩みをあまり聞くことができていないようである。逆に，韓国の男性は，他と比べて明らかによく悩みを聞いてもらえている。

図 5-11　国・地域別にみた回答分布（%）

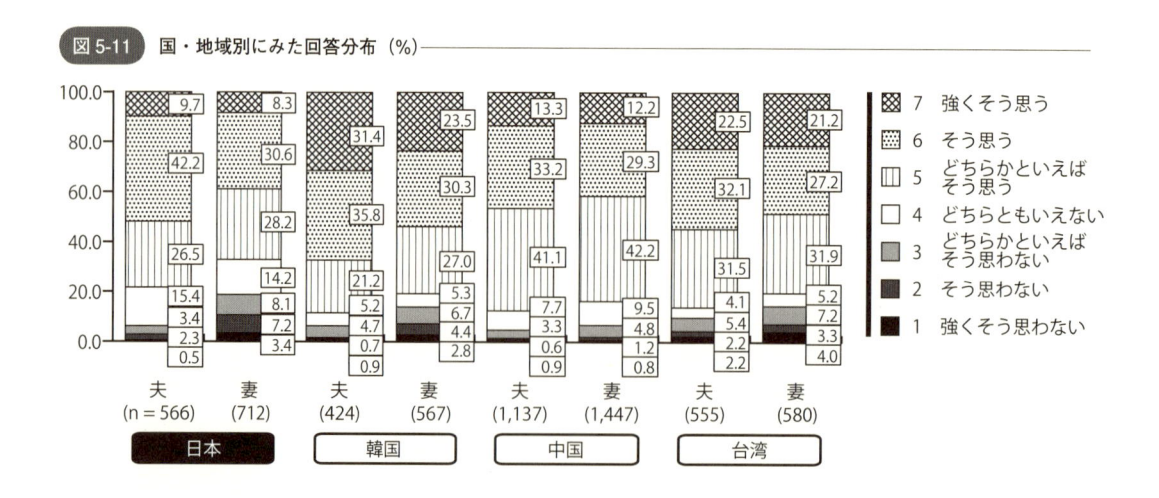

凡例：
- 7　強くそう思う
- 6　そう思う
- 5　どちらかといえばそう思う
- 4　どちらともいえない
- 3　どちらかといえばそう思わない
- 2　そう思わない
- 1　強くそう思わない

日本　夫（n = 566）：0.5, 2.3, 3.4, 15.4, 26.5, 42.2, 9.7
日本　妻（712）：3.4, 7.2, 8.1, 14.2, 28.2, 30.6, 8.3
韓国　夫（424）：0.7, 4.7, 5.2, 21.2, 35.8, 31.4, ―
韓国　妻（567）：2.8, 4.4, 6.7, 5.3, 27.0, 30.3, 23.5
中国　夫（1,137）：0.9, 3.3, 7.7, 41.1, 33.2, 13.3, ―
中国　妻（1,447）：0.8, 1.2, 4.8, 9.5, 42.2, 29.3, 12.2
台湾　夫（555）：2.2, 4.1, 5.4, 31.5, 32.1, 22.5, ―
台湾　妻（580）：4.0, 3.3, 7.2, 5.2, 31.9, 27.2, 21.2

■ **女性は歳をとると悩みを聞いてもらえない**

　図 5-12 は，年齢によって悩みを聞いてもらえている程度がどう違ってくるかを示している。男性の場合，年齢が上がるとやや悩みを聞いてもらえなくなる傾向はあるものの，その違いは非常に小さい。例外的に，韓国人男性は変動が大きく，また高齢になるとやや値が上向いている点で特殊である。30 〜 40 代に限れば，韓国人男性も他の国・地域と大きな違いはなく，韓国人男性の特異性は若年と高齢に偏っているようである。一方で，女性に目を向けると，年齢による変動が大きく年齢が上がると悩みを聞いてもらえなくなっている様子がうかがえる。若い時期に限れば，女性も男性と同じように配偶者に悩みを聞いてもらえており，男女の差は中年期以降に生じていることがわかる。50 〜 60 代になると横ばいになる傾向があるが，台湾人女性に限ってはなお下がり続け，60 代ではとりわけ状態が悪い。

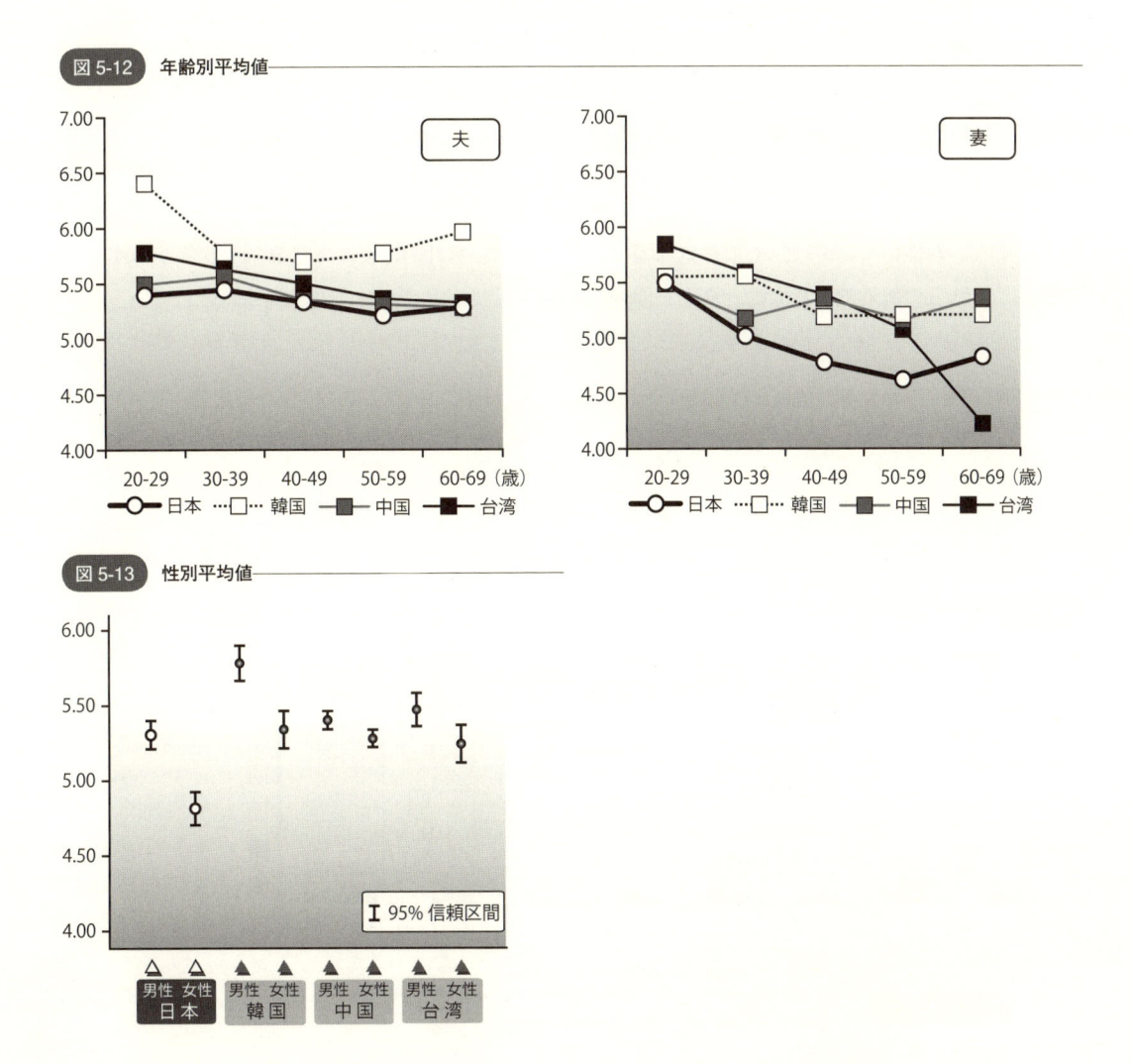

図 5-12 年齢別平均値

図 5-13 性別平均値

5.7 あなたの配偶者は，あなたに悩みを打ち明けてくれますか

Sec. 5.6（☞ 52 頁）では，配偶者が悩みを聞いてくれる程度を調べることで，日・韓・中・台における夫婦の精神的なつながりの強さを比較した。ここでは，逆の視点から，配偶者が悩みを打ち明けてくれるかどうかを調べよう。一方的な依存よりも相互に役立つ関係の方が精神的に満たされやすいことは，よく知られている。配偶者が悩みを打ち明けてくれる，つまり頼りにされているという感覚は，悩みを聞く側にとっても満足感の源泉となる。

■ 悩みも打ち明けてくれない日本の夫

図 5-14 は，配偶者が悩みを打ち明けてくれる程度を，男女別に整理したものである。配偶者のいない人々は集計から除いている。配偶者が悩みを聞いてくれるかどうかを尋ねた場合（Sec. 5.6）と同様に，大半の人々は配偶者が悩みを打ち明けてくれていると感じており，良好な関係を築いている。そうでない人々（1～3の回答）の割合は，いずれの国・地域でも2割以下にすぎない。また，やはり女性の方が，悩みを打ち明けてくれないと感じており，特に日本や韓国で男女の差が大きい（図 5-16）。日本人女性の状態がもっとも悪いことも共通であり，日本の夫は妻の悩みも聞いてくれないし，自分の悩みも打ち明けてくれないという場合が比較的多いことになる。年齢による違いに注目すると，悩みを聞いてくれる程度の場合と似た傾向は示されているものの，より変動の少ない平坦な結果である（図 5-15）。男性については，どの国・地域でもほぼ横ばいである。例外的に，韓国では高齢で値がやや上昇する。女性については，やはりほぼ横ばいであるが，例外的に台湾では高齢で状態が極端に悪くなる。これらの例外的な特徴は，悩みを聞いてくれる程度を調べた場合の特徴と共通している。

図 5-14 国・地域別にみた回答分布（%）

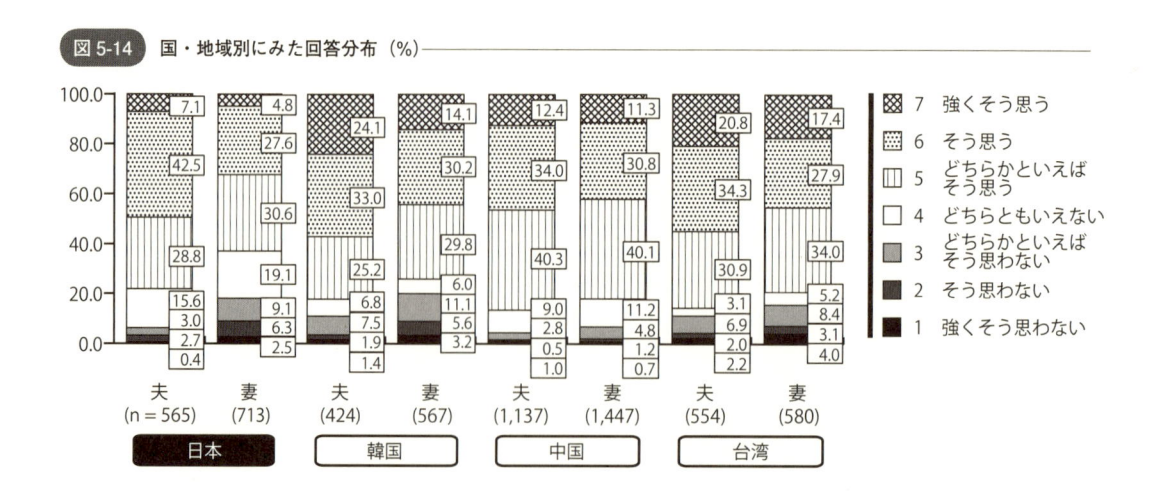

凡例：
7 強くそう思う
6 そう思う
5 どちらかといえばそう思う
4 どちらともいえない
3 どちらかといえばそう思わない
2 そう思わない
1 強くそう思わない

日本 夫（n = 565）: 1: 0.4, 2: 2.7, 3: 3.0, 4: 15.6, 5: 28.8, 6: 42.5, 7: 7.1
日本 妻（713）: 1: 2.5, 2: 6.3, 3: 9.1, 4: 19.1, 5: 30.6, 6: 27.6, 7: 4.8
韓国 夫（424）: 1: 1.4, 2: 1.9, 3: 7.5, 4: 6.8, 5: 25.2, 6: 33.0, 7: 24.1
韓国 妻（567）: 1: 3.2, 2: 5.6, 3: 11.1, 4: 6.0, 5: 29.8, 6: 30.2, 7: 14.1
中国 夫（1,137）: 1: 1.0, 2: 0.5, 3: 2.8, 4: 9.0, 5: 40.3, 6: 34.0, 7: 12.4
中国 妻（1,447）: 1: 0.7, 2: 1.2, 3: 4.8, 4: 11.2, 5: 40.1, 6: 30.8, 7: 11.3
台湾 夫（554）: 1: 2.2, 2: 2.0, 3: 6.9, 4: 3.1, 5: 30.9, 6: 34.3, 7: 20.8
台湾 妻（580）: 1: 4.0, 2: 3.1, 3: 8.4, 4: 5.2, 5: 34.0, 6: 27.9, 7: 17.4

■ 日・韓の夫は悩みを聞くだけで，打ち明けてくれない

このように，配偶者が悩みを聞いてくれる程度と，悩みを打ち明けてくれる程度には，似た傾向が多いが，異なる面もある。2つの質問にまったく同じ回答をしている人々の割合を調べてみると，日本では男性の68％，女性の53％が同じ回答を示しており，韓国では男性の61％，女性の53％が同じ回答を示しており，男女の差が大きい。回答が異なる場合の多くは，悩みを打ち明けてくれる程度の方が弱いというパターンである。つまり，日本や韓国では，「夫は悩みを聞いてくれるが，あまり悩みを打ち明けてくれない」と感じている女性が比較的多い。中国や台湾には，このような男女差はあまりみられない。中国では男性の80％，女性の79％が同じ回答を示しており，台湾では男性の74％，女性の70％が同じ回答をしている。男性も女性も，高い割合で2つの質問に同じ回答を示しており，また回答が異なる場合も，どちらかが強い方に偏るという様子がほとんどみられない。

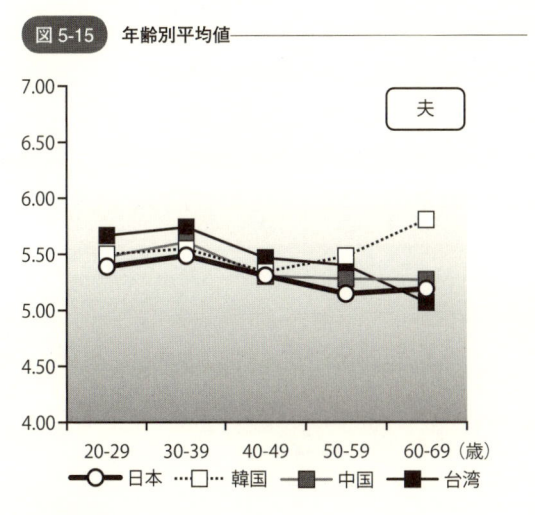

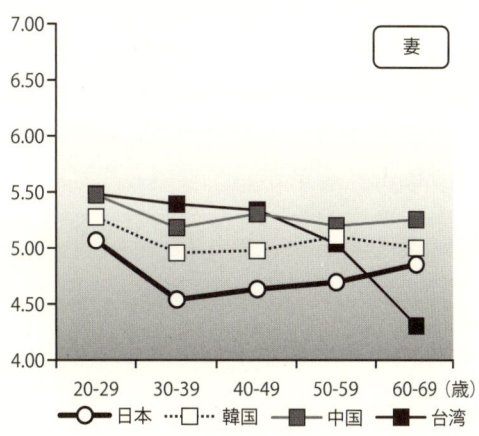

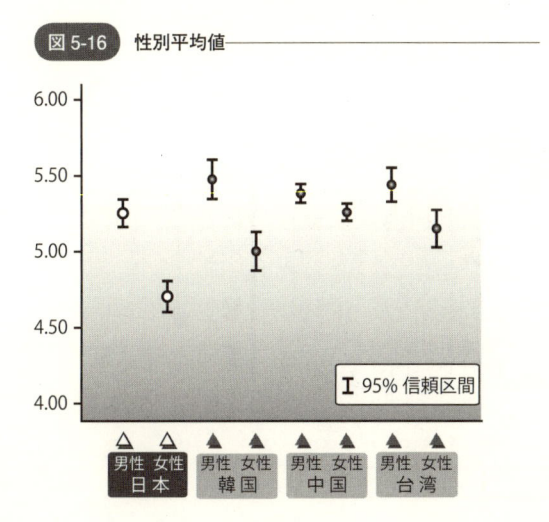

図 5-15 年齢別平均値

図 5-16 性別平均値

5.8　あなたは，現在の結婚生活に全体として満足していますか

　結婚している人々にとっては，配偶者との生活が人生全体の幸福の程度を大きく左右する。Sec. 5.6 ～ 5.7（☞ 52-55 頁）では，東アジアに住む人々の多くが配偶者との間に精神的に良好なつながりを保っている様子がうかがえた。しかし，特に女性の一部には状態のよくない場合もあることがわかった。東アジアの人々は，結婚生活について総合的に満足しているのだろうか。不満があるとすれば，それはどのような人々なのだろうか。

■ 結婚生活に不満な日本と韓国の女性

　図 5-17 は，結婚生活の全体的な満足度を 5 段階で評価した結果である。集計は男性（夫）と女性（妻）にわけて示しており，結婚したことがない人々や離・死別によって配偶者を失った人々は，集計から除いている。男女にかかわらず，どの国・地域でも多くの人々が結婚生活には満足しており，不満（1 や 2 の回答）を示している人々は，3 ～ 13％しかいない。しかしながら，結婚生活に不満をもった人々の多くがすでに離婚して集計から除かれているであろうことを考えると，不満をもちながらその関係を続けている（続けなければならない）人々が，まだこれだけいると考えるべきだろう。不満な人々の割合が高いのは，日本人と韓国人の女性であり，ともに 1 割を超えている。また，不満ではないが満足してもいないという人々（回答が 3）についても，3 人に 1 人以上と多い。平均値を比べた場合も，日本人と韓国人の女性は他よりも明らかに満足度が低い（図 5-19）。中国や台湾と比べると，やや深刻な状況がうかがえる。

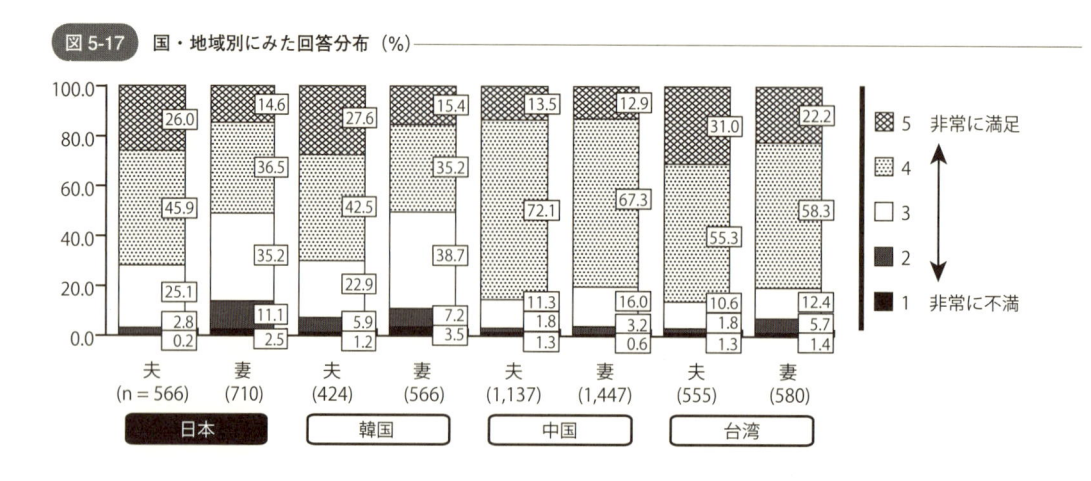

図 5-17　国・地域別にみた回答分布（%）

	夫 (n=566)	妻 (710)	夫 (424)	妻 (566)	夫 (1,137)	妻 (1,447)	夫 (555)	妻 (580)
5 非常に満足	26.0	14.6	27.6	15.4	13.5	12.9	31.0	22.2
4	45.9	36.5	42.5	35.2	72.1	67.3	55.3	58.3
3	25.1	35.2	22.9	38.7	11.3	16.0	10.6	12.4
2	2.8	11.1	5.9	7.2	1.8	3.2	1.8	5.7
1 非常に不満	0.2	2.5	1.2	3.5	1.3	0.6	1.3	1.4
	日本		韓国		中国		台湾	

■ 中年期から女性の不満が集中

　年齢による違いを調べると，日本と韓国の女性の特徴がよりはっきりとわかる（図5-18）。男性についてはどの国・地域でも年齢の影響はほとんどなく，4点前後の平均値で横ばいである。また，女性についても中国と台湾ではやはり4点前後で横ばいである。これに対して，日本と韓国の女性は，40代以降に満足度が大きく下がっている。日本では，60代でやや回復するが，韓国ではなお下がり続ける。日本と韓国の女性について結婚満足度が低いのは，中年期以降の生活に原因が集中しているようである。ライフステージという視点からみると，この年齢層は，子どもがある程度大きくなり子育てが終わりに近づく時期である。子どもが手を離れたことにより，夫への不満に気づきやすくなるのかもしれない。台湾や中国で夫への不満が現れにくいのは，台湾では核家族が少なく歳をとっても二人暮らしになりにくいこと（Sec. 1.2, 図1-5 ☞ 11頁），中国では子どもの住居との距離が短いこと（Sec. 7.1 ☞ 70頁）が関連しているのかもしれない。

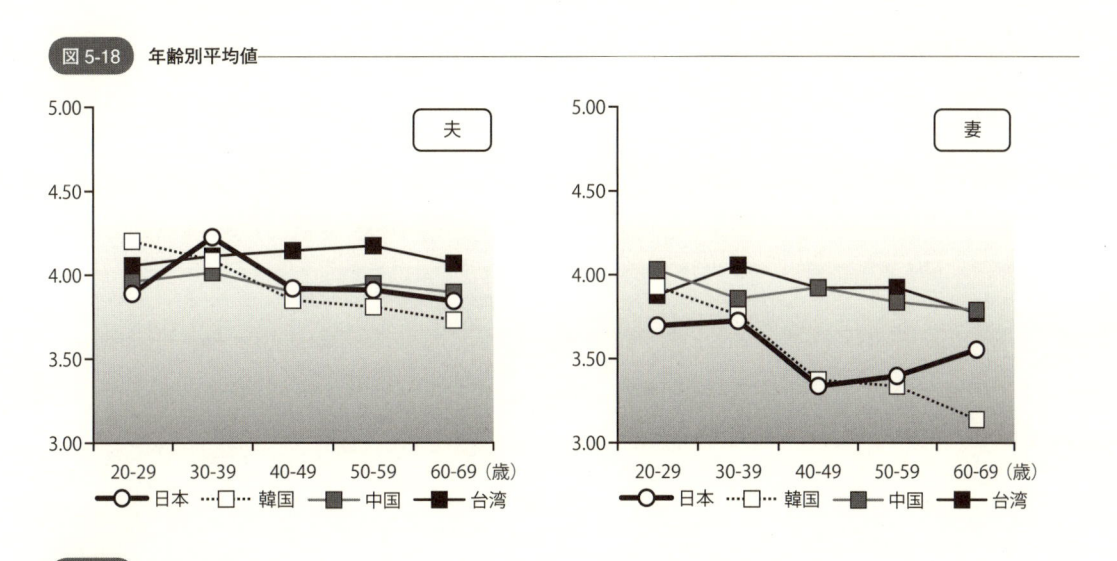

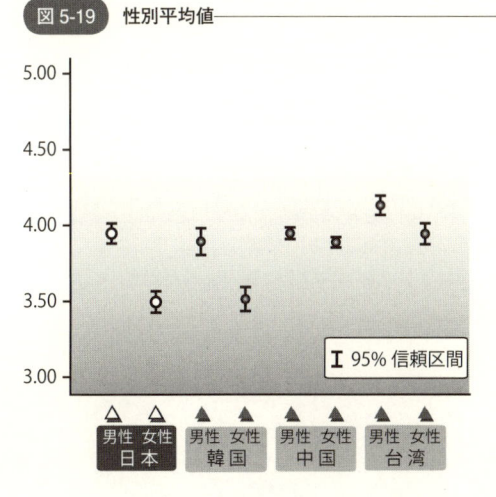

図 5-18 年齢別平均値

図 5-19 性別平均値

第 6 章
家族行動

6.1 あなたの家では，あなたを含めて家族一緒に夕食をとることがどのくらいありますか

　第6章（Sec. 6.1～6.5）では，一つの家族の中で行なわれるいくつかの活動（家事など）の頻度について調べる。ここでは，家族のまとまりの強さを知る目安として，一緒に夕食をとる頻度について調べてみよう。

■ 家族で一緒に夕食をとれない日・韓

　図6-1は，家族で一緒に夕食をとることがどのくらいあるかを示している。同居する家族のいない人々は集計から除いている。いずれの国・地域でも，ほぼ毎日一緒に夕食をとる人々が多い。しかし，国・地域の間でその割合にはかなりの差があり，中国と台湾では7～8割に達するのに対して，日本と韓国では5割程度にすぎず，週に数回程度という人々が3割にのぼる。図6-2は，1週間あたりの平均回数に換算して年齢による違いを調べたものである。年齢による違いは台湾でもっとも顕著であるが，傾向はどの国・地域でもほぼ共通している。20代で値が低いことは，未婚者の割合が高いことと関連しているのだろう。また，60代で夕食をよく一緒にとるのは，無職の人々が増えることと関連しているものと予想される。例外的に60代でも働いている人々が多い中国（Sec. 2.11, 図2-32 ☞ 25頁）では，夕食を一緒にとる頻度が高まらない。

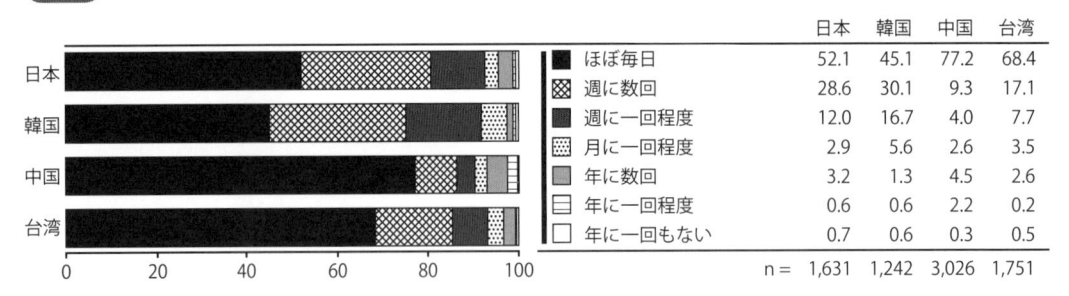

図 6-1　国・地域別にみた回答分布（％）

	日本	韓国	中国	台湾
ほぼ毎日	52.1	45.1	77.2	68.4
週に数回	28.6	30.1	9.3	17.1
週に一回程度	12.0	16.7	4.0	7.7
月に一回程度	2.9	5.6	2.6	3.5
年に数回	3.2	1.3	4.5	2.6
年に一回程度	0.6	0.6	2.2	0.2
年に一回もない	0.7	0.6	0.3	0.5
n =	1,631	1,242	3,026	1,751

図 6-2　年齢別平均値

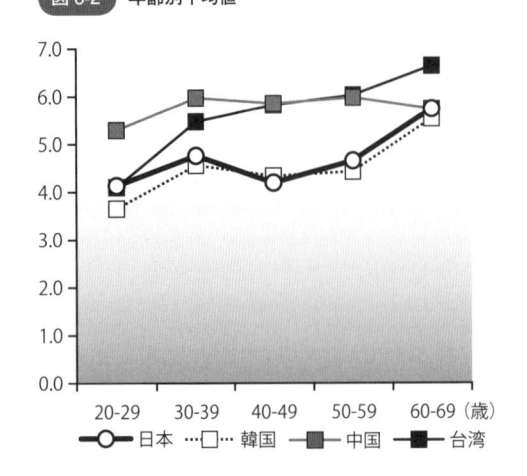

平均値への換算表

ほぼ毎日	-->	7.00	回／週
週に数回	-->	3.50	回／週
週に一回程度	-->	1.00	回／週
月に一回程度	-->	0.25	回／週
年に数回	-->	0.10	回／週
年に一回程度	-->	0.02	回／週
年に一回もない	-->	0.00	回／週

6.2 あなたの家では，あなたを含めて家族一緒にレジャー活動を行なうことがどのくらいありますか

　余暇活動を一緒に行なうことは，家族の一つの重要な機能である。東アジアの家族は，まとまりのある集団として余暇を一緒にすごしているのだろうか。家族で一緒にレジャー活動を行なう頻度について調べてみよう。

■ 家族のレジャー活動が少ない日・中

　図6-3は，家族で一緒にレジャー活動を行なうことがどのくらいあるかを示している。同居する家族のいない人々は集計から除いている。台湾でレジャー活動の頻度が非常に高く，また日本では非常に低いことが目立つが，これは国・地域によってレジャー活動の範囲があいまいなことによる。日本では，行楽地に遊びに行くことなど，やや大きなイベントを指す場合が多いが，台湾では家で一緒にビデオをみるような場合まで含んでいる。そのため単純な比較はできないが，それでも日本と中国で3割以上の人々が年に1回以下であることは，家族でのレジャー活動の少なさを示しているように思える。1週間あたりの平均回数に換算して年齢による違いを調べると，日・韓・中ではほぼ違いがないのに対して，台湾では若い人々があまり家族でレジャー活動をしていないことがわかる（図6-4）。

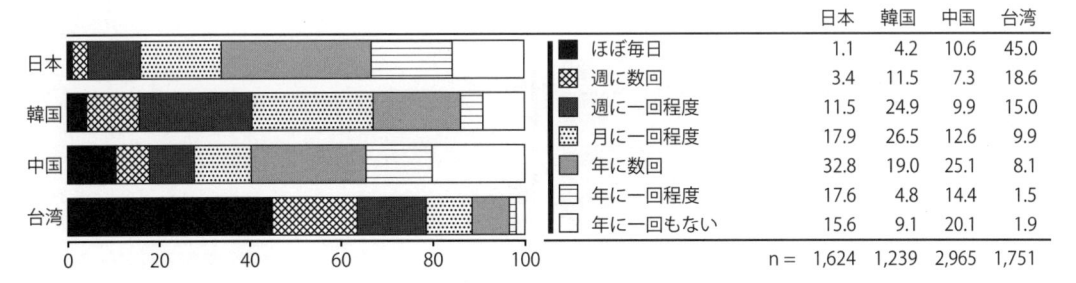

図6-3 国・地域別にみた回答分布（％）

	日本	韓国	中国	台湾
ほぼ毎日	1.1	4.2	10.6	45.0
週に数回	3.4	11.5	7.3	18.6
週に一回程度	11.5	24.9	9.9	15.0
月に一回程度	17.9	26.5	12.6	9.9
年に数回	32.8	19.0	25.1	8.1
年に一回程度	17.6	4.8	14.4	1.5
年に一回もない	15.6	9.1	20.1	1.9
n =	1,624	1,239	2,965	1,751

図6-4 年齢別平均値

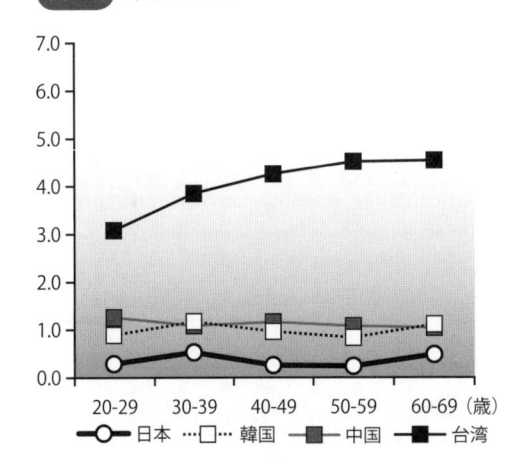

平均値への換算表

ほぼ毎日	--> 7.00	回/週
週に数回	--> 3.50	回/週
週に一回程度	--> 1.00	回/週
月に一回程度	--> 0.25	回/週
年に数回	--> 0.10	回/週
年に一回程度	--> 0.02	回/週
年に一回もない	--> 0.00	回/週

6.3 男性はもっと家事をするべきだ

家族が一緒に生活するためには，誰かが家事を負担しなければならない。言うまでもなくその負担の多くは女性が担っているが，現在の東アジアでは女性が家庭を守るという考え方も弱まっている（Sec. 2.9 ☞ 22 頁）。では，その代わりに男性の家事参加が望まれているのだろうか。

■ **男性の家事参加に「どちらかといえば」賛成**

図 6-5 は，男性がもっと家事をするべきという考え方への賛否を示している。どの国・地域でも賛成派が反対派を大きく上回っており，一見すると男性の家事参加が望ましく考えられているようにみえる。しかし，賛成派の大部分は「どちらかといえば賛成」という消極的な意見である。世代による違いを調べてみても，若い世代ほど賛成に偏る傾向があるものの，非常に小さな変化であり，男性の家事を増やす方向に考え方が大きく動いているという様子はない（図 6-6）。特に中国では違いがみられない。男女の考え方の違いを調べると，やはり女性の方が賛成する傾向がある（図 6-7）。しかし，女性に限っても「どちらかといえば賛成」が多いことに変わりはなく，男性の家事参加を強く求める女性は少ない。東アジアの人々は，男性の家事を増やすことが必要と感じながらも，現実的には強く主張することができないようである。

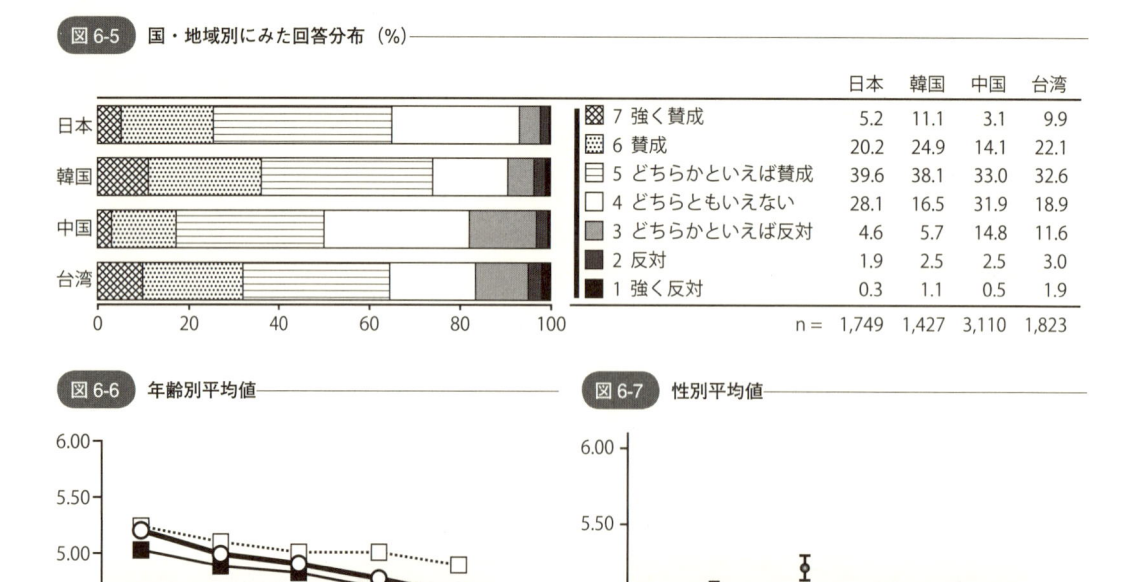

図 6-5 国・地域別にみた回答分布（％）

	日本	韓国	中国	台湾
7 強く賛成	5.2	11.1	3.1	9.9
6 賛成	20.2	24.9	14.1	22.1
5 どちらかといえば賛成	39.6	38.1	33.0	32.6
4 どちらともいえない	28.1	16.5	31.9	18.9
3 どちらかといえば反対	4.6	5.7	14.8	11.6
2 反対	1.9	2.5	2.5	3.0
1 強く反対	0.3	1.1	0.5	1.9
n =	1,749	1,427	3,110	1,823

図 6-6 年齢別平均値

図 6-7 性別平均値

6.4 あなたは，どのくらいの頻度で家事をしていますか（既婚者）

Sec. 6.3では，男性の家事参加についての意見を調べたが，実際には東アジアの人々はどのくらいの家事をしているのだろうか。結婚している場合としていない場合では，家事の負担はまったく異なるので，既婚者と未婚者にわけて調べることにする。まず，既婚者の家事についてみてみよう。

■ 家事をほとんどしない日本の夫

図6-8は，結婚している男女（つまり夫と妻）がどのくらいの頻度で家事（掃除，洗濯，夕食の用意）をしているかを示している。結婚していない人々や，配偶者と別々に暮らしている人々は集計から除いている。いずれの国・地域でも，妻は家事をほぼ毎日している場合が多く，週に数回している場合も含めると7〜9割に達する。これに対して，夫の家事頻度は低く，週に数回以上家事をしている割合

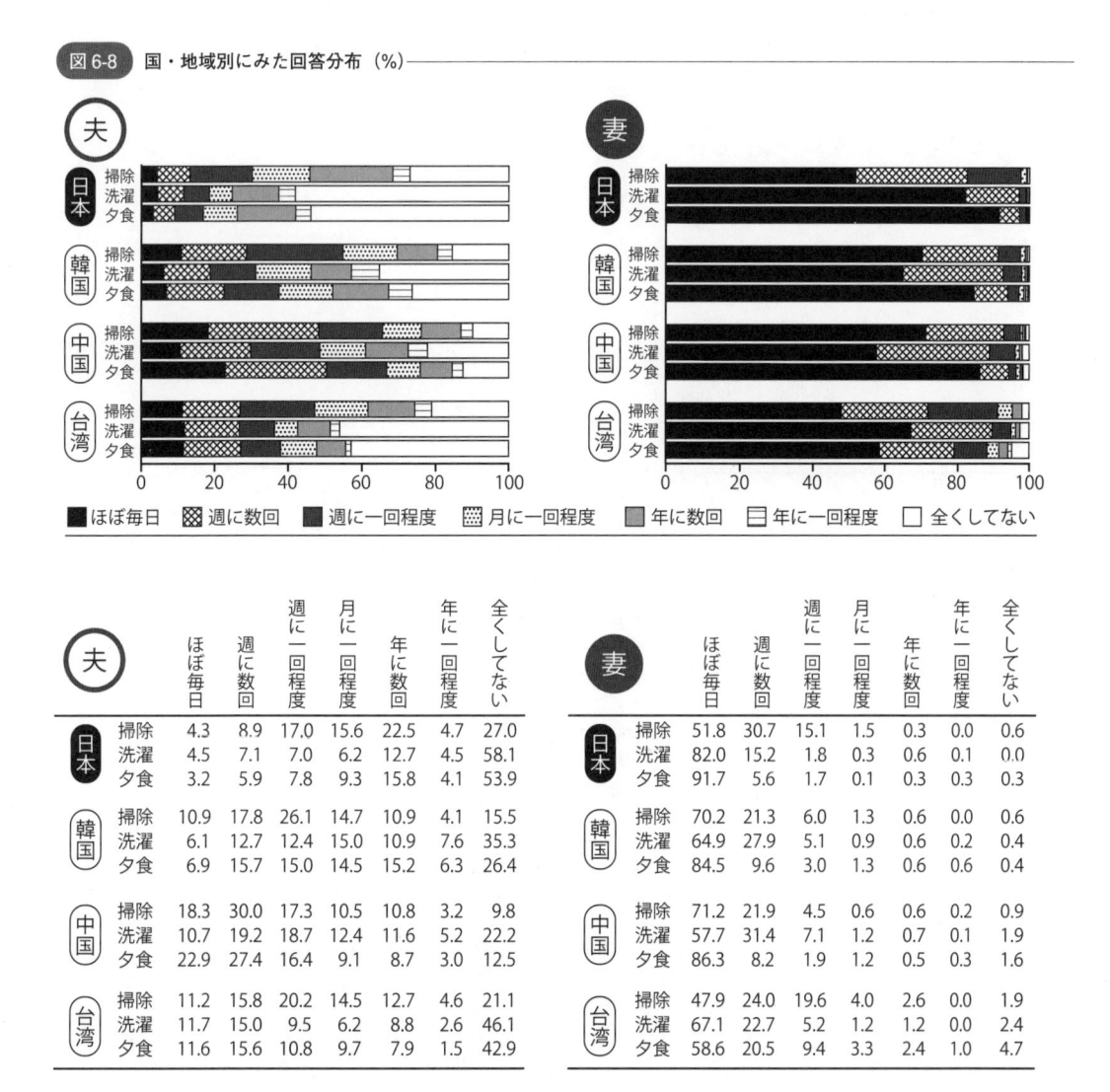

図6-8 国・地域別にみた回答分布（％）

凡例：■ほぼ毎日　▨週に数回　■週に一回程度　▨月に一回程度　▨年に数回　☰年に一回程度　□全くしてない

夫		ほぼ毎日	週に数回	週に一回程度	月に一回程度	年に数回	年に一回程度	全くしてない
日本	掃除	4.3	8.9	17.0	15.6	22.5	4.7	27.0
	洗濯	4.5	7.1	7.0	6.2	12.7	4.5	58.1
	夕食	3.2	5.9	7.8	9.3	15.8	4.1	53.9
韓国	掃除	10.9	17.8	26.1	14.7	10.9	4.1	15.5
	洗濯	6.1	12.7	12.4	15.0	10.9	7.6	35.3
	夕食	6.9	15.7	15.0	14.5	15.2	6.3	26.4
中国	掃除	18.3	30.0	17.3	10.5	10.8	3.2	9.8
	洗濯	10.7	19.2	18.7	12.4	11.6	5.2	22.2
	夕食	22.9	27.4	16.4	9.1	8.7	3.0	12.5
台湾	掃除	11.2	15.8	20.2	14.5	12.7	4.6	21.1
	洗濯	11.7	15.0	9.5	6.2	8.8	2.6	46.1
	夕食	11.6	15.6	10.8	9.7	7.9	1.5	42.9

妻		ほぼ毎日	週に数回	週に一回程度	月に一回程度	年に数回	年に一回程度	全くしてない
日本	掃除	51.8	30.7	15.1	1.5	0.3	0.0	0.6
	洗濯	82.0	15.2	1.8	0.3	0.6	0.1	0.0
	夕食	91.7	5.6	1.7	0.1	0.3	0.3	0.3
韓国	掃除	70.2	21.3	6.0	1.3	0.6	0.0	0.6
	洗濯	64.9	27.9	5.1	0.9	0.6	0.2	0.4
	夕食	84.5	9.6	3.0	1.3	0.6	0.6	0.4
中国	掃除	71.2	21.9	4.5	0.6	0.6	0.2	0.9
	洗濯	57.7	31.4	7.1	1.2	0.7	0.1	1.9
	夕食	86.3	8.2	1.9	1.2	0.5	0.3	1.6
台湾	掃除	47.9	24.0	19.6	4.0	2.6	0.0	1.9
	洗濯	67.1	22.7	5.2	1.2	1.2	0.0	2.4
	夕食	58.6	20.5	9.4	3.3	2.4	1.0	4.7

はそれぞれ 2 ～ 3 割程度にとどまる。ただし，中国人の夫は比較的家事を負担しており，5 割程度の夫が掃除や夕食の用意を週に数回以上行なっている。逆にもっとも家事をしていないのは日本人の夫であり，週に数回以上行なっている割合は 1 割程度にすぎない。家事の頻度を 1 週間あたりの回数に換算して平均値を計算したものが図 6-9 である。このグラフからも，日本人の夫がもっとも家事を負担していないことがわかる。また，台湾では夫の家事分担がそれほど多くないにもかかわらず，妻の家事頻度が比較的低い。これは，親やきょうだいとの同居が多いこと（Sec. 1. 2, 表 1-7 ☞ 9 頁）や，家族外の家事サービスが広まっていることと関連しているのだろう。

■ 共働きでも夫の家事は増えない

夫婦の間の家事分担は，家庭外の仕事の分担とも関連すると予想される。夫婦の働き方を 4 つにわけて，それぞれのグループで家事の平均回数を整理したものが図 6-10 である。夫のみが就業している場合に比べると，共働きの夫婦では妻の家事は確かに減っている。ただし，その減少幅は小さく，週に 1 回分程度しか減っていない。また，夫の側に注目すると共働きの影響はさらに小さく，夫の家事はほとんど増えていない。夫が働かずに妻のみが就業している場合には，夫の家事頻度もいくぶん

表 6-1 分析サンプル

(サンプル数)		食事の用意	洗濯	家の掃除
日本	夫	562	561	559
	妻	710	712	713
韓国	夫	394	394	394
	妻	530	530	530
中国	夫	1,079	1,079	1,079
	妻	1,290	1,290	1,290
台湾	夫	545	545	545
	妻	572	572	572

図 6-9 1 週間あたりの平均値

平均値への換算表

ほぼ毎日	-->	7.00	回／週
週に数回	-->	3.50	回／週
週に一回程度	-->	1.00	回／週
月に一回程度	-->	0.25	回／週
年に数回	-->	0.10	回／週
年に一回程度	-->	0.02	回／週
全くしてない	-->	0.00	回／週

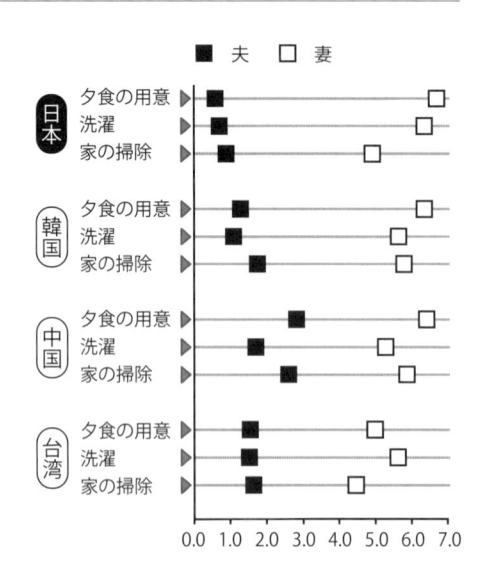

改善し，夫のみが就業の場合に比べると週に2回分程度の増加がみられる。中国では例外的に，この場合でも夫の家事頻度が増えない。これは，中国で妻のみが就業しているのは高齢者に目立つこと（Sec. 2.11, 図2-32 ☞ 25頁）と関連しており，夫が身体的ハンディをもつ状況が含まれるものと予想される。

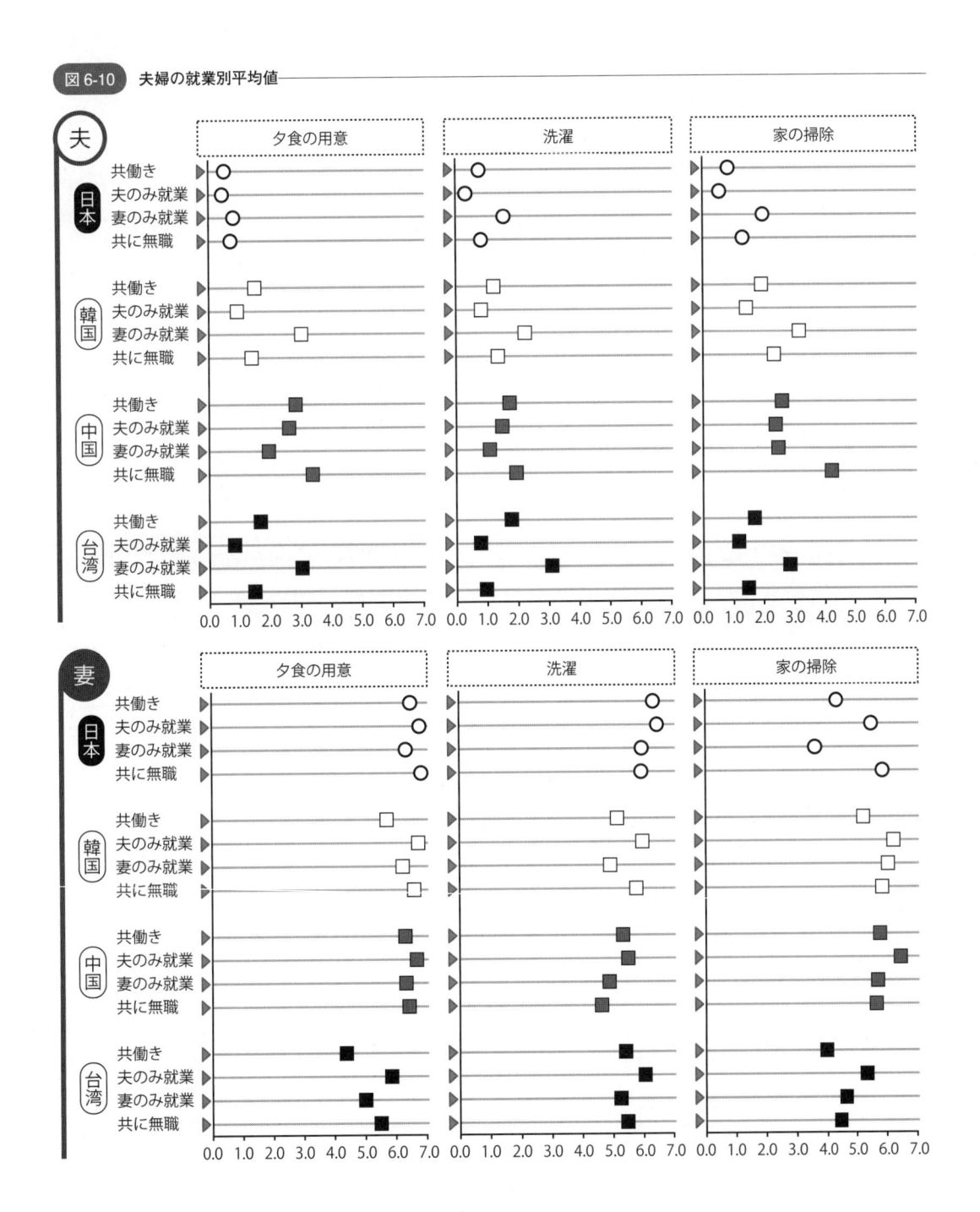

図6-10 夫婦の就業別平均値

6.5 あなたは，どのくらいの頻度で家事をしていますか（未婚者）

　Sec. 6.4（☞ 63頁）では，既婚者の家事頻度について調べたが，未婚者についてはどうだろうか。夫婦の間での分担が基本となる既婚者とは異なり，未婚者が行なうべき家事はあいまいである。結婚していない男性と女性がどの程度家事を行なっているのか調べてみよう。

■ 親に家事を頼る未婚者

　図6-11は，20～39歳の未婚者に限って，男女別に家事（掃除，洗濯，夕食の用意）を行なう頻度を調べた結果である。やはり女性の方が家事を多くしているものの，既婚女性の場合（Sec. 6.4）に比べるとその頻度は大幅に少ない。これに対して，男性については未婚者と既婚者の違いは大きくない。図6-12は，親もとで暮らしている未婚者と，一人暮らしをしている未婚者の違いを，1週間あたりの平

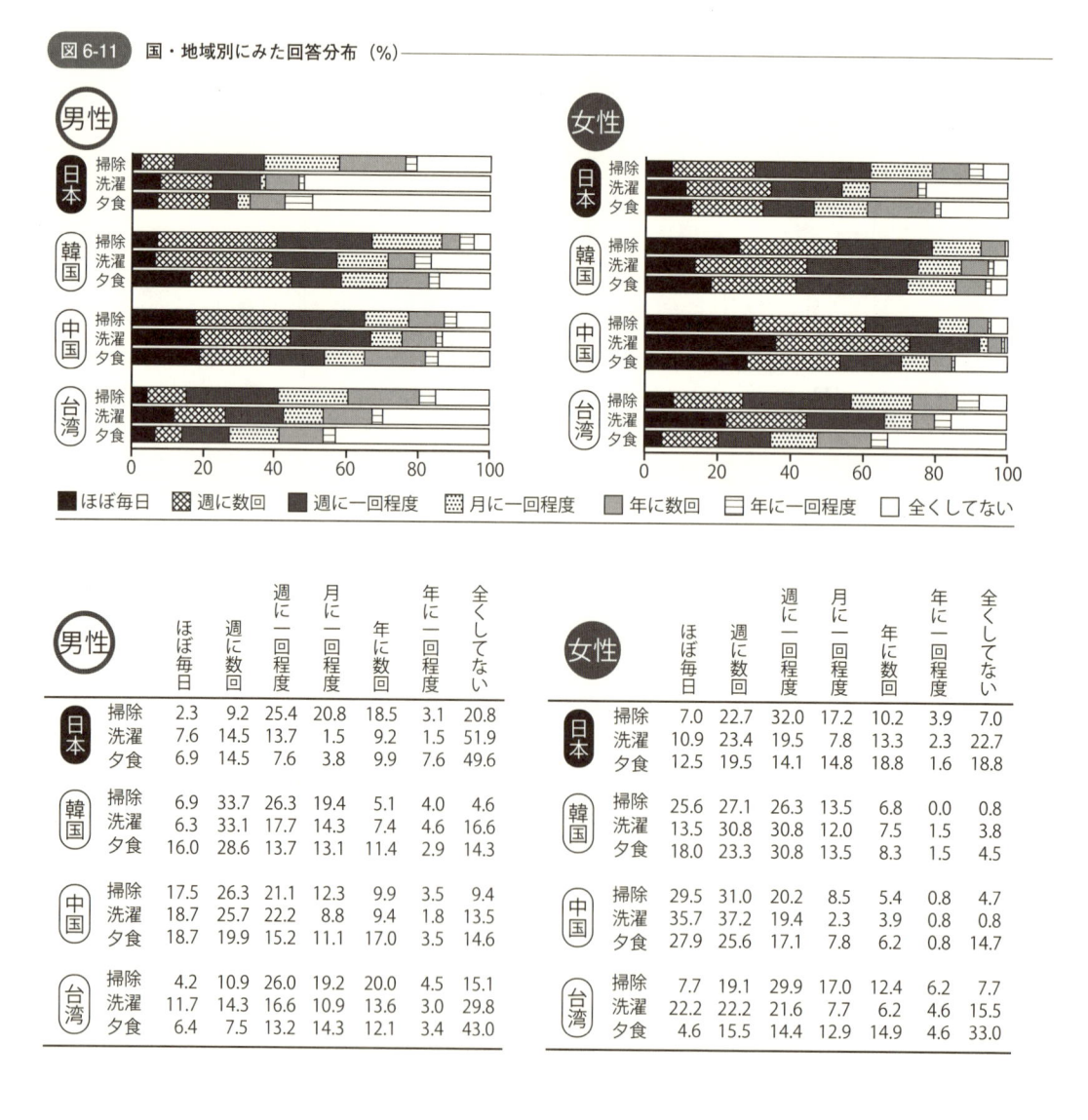

図6-11 国・地域別にみた回答分布（％）

■ほぼ毎日　▨週に数回　■週に一回程度　▨月に一回程度　■年に数回　▨年に一回程度　□全くしてない

男性		ほぼ毎日	週に数回	週に一回程度	月に一回程度	年に数回	年に一回程度	全くしてない
日本	掃除	2.3	9.2	25.4	20.8	18.5	3.1	20.8
	洗濯	7.6	14.5	13.7	1.5	9.2	1.5	51.9
	夕食	6.9	14.5	7.6	3.8	9.9	7.6	49.6
韓国	掃除	6.9	33.7	26.3	19.4	5.1	4.0	4.6
	洗濯	6.3	33.1	17.7	14.3	7.4	4.6	16.6
	夕食	16.0	28.6	13.7	13.1	11.4	2.9	14.3
中国	掃除	17.5	26.3	21.1	12.3	9.9	3.5	9.4
	洗濯	18.7	25.7	22.2	8.8	9.4	1.8	13.5
	夕食	18.7	19.9	15.2	11.1	17.0	3.5	14.6
台湾	掃除	4.2	10.9	26.0	19.2	20.0	4.5	15.1
	洗濯	11.7	14.3	16.6	10.9	13.6	3.0	29.8
	夕食	6.4	7.5	13.2	14.3	12.1	3.4	43.0

女性		ほぼ毎日	週に数回	週に一回程度	月に一回程度	年に数回	年に一回程度	全くしてない
日本	掃除	7.0	22.7	32.0	17.2	10.2	3.9	7.0
	洗濯	10.9	23.4	19.5	7.8	13.3	2.3	22.7
	夕食	12.5	19.5	14.1	14.8	18.8	1.6	18.8
韓国	掃除	25.6	27.1	26.3	13.5	6.8	0.0	0.8
	洗濯	13.5	30.8	30.8	12.0	7.5	1.5	3.8
	夕食	18.0	23.3	30.8	13.5	8.3	1.5	4.5
中国	掃除	29.5	31.0	20.2	8.5	5.4	0.8	4.7
	洗濯	35.7	37.2	19.4	2.3	3.9	0.8	0.8
	夕食	27.9	25.6	17.1	7.8	6.2	0.8	14.7
台湾	掃除	7.7	19.1	29.9	17.0	12.4	6.2	7.7
	洗濯	22.2	22.2	21.6	7.7	6.2	4.6	15.5
	夕食	4.6	15.5	14.4	12.9	14.9	4.6	33.0

均回数に換算して示したものである。一人暮らしの場合には，男性も女性も週に3〜4回程度の家事をしているが，親もとで暮らしている場合には週に1〜2回程度しかしておらず，家事を親に頼っている状況が読みとれる。ただし，台湾に限ってはその違いがほとんどなく，一人暮らしの場合も家事をあまりしていない。

表 6-2　分析サンプル

(サンプル数)		食事の用意	洗濯	家の掃除
日本	男性	131	131	130
	女性	128	128	128
韓国	男性	175	175	175
	女性	133	133	133
中国	男性	171	171	171
	女性	129	129	129
台湾	男性	265	265	265
	女性	194	194	194

図 6-12　1週間あたりの平均値

平均値への換算表

ほぼ毎日	-->	7.00	回／週
週に数回	-->	3.50	回／週
週に一回程度	-->	1.00	回／週
月に一回程度	-->	0.25	回／週
年に数回	-->	0.10	回／週
年に一回程度	-->	0.02	回／週
全くしてない	-->	0.00	回／週

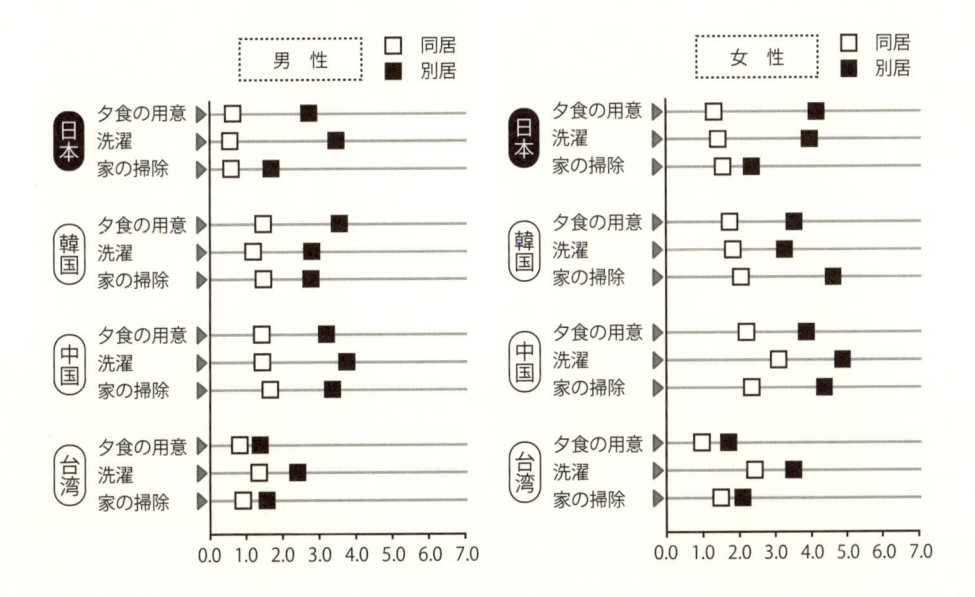

第 7 章
世代間援助

7.1 子どもの住居との距離

　第7章（Sec. 7.1～7.24）では，東アジアにおける親子の相互援助（世代間援助）について調べる。世代間の援助関係はいろいろな側面からとらえることができるが，住居の地理的な近さは，ほとんどの援助行動の土台となることが知られている。まず，親の立場から，子どもの住居との距離を調べよう。

■ 同居の台湾，近居の中国

　図7-1は，回答者の子どもの住居との距離を示している。子どもが複数の場合はもっとも近い子どもとの距離であり，子どものいない回答者は分析対象から除いている。いずれの国・地域でも，子どもと同居している人々が大半を占めているが，これは未成人の子どもを含むためである。年齢別の図7-2で50～60代の結果に注目する方が，それぞれの国・地域の特徴がわかりやすい。台湾では60代でも同居率が高く8割近い。日・韓・中の同居率は5割前後で共通しているが，別居の場合の距離が異なる。韓国では遠距離が多いのに対して，中国では15分以内の近居が多い。別居していても一つの家族とみなす中国の家族観（Sec. 1.2 ☞ 9頁）は，住居の地理的な近さとも関連しているようである。

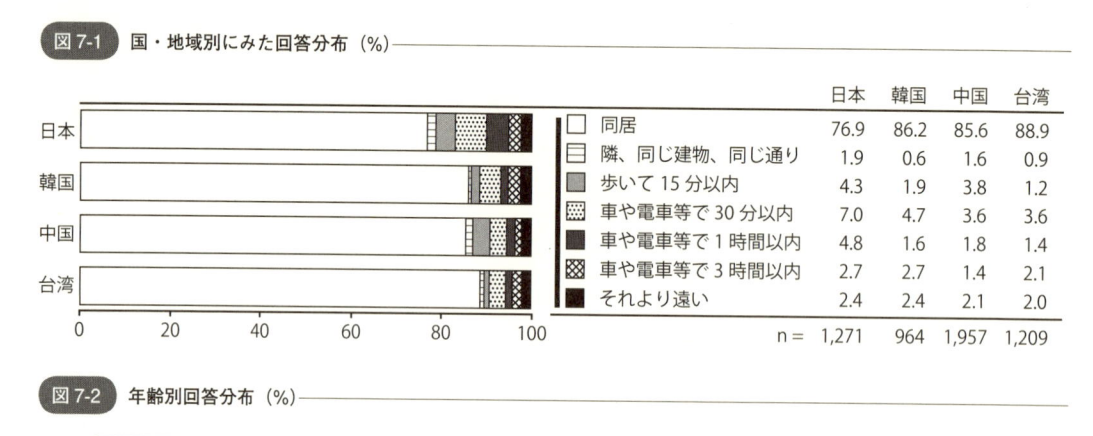

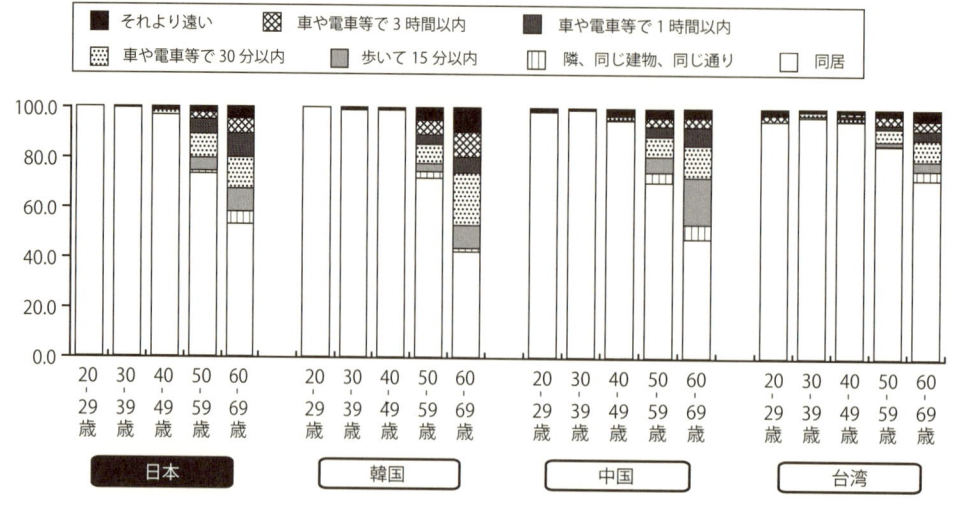

図7-1 国・地域別にみた回答分布（%）

	日本	韓国	中国	台湾
同居	76.9	86.2	85.6	88.9
隣、同じ建物、同じ通り	1.9	0.6	1.6	0.9
歩いて15分以内	4.3	1.9	3.8	1.2
車や電車等で30分以内	7.0	4.7	3.6	3.6
車や電車等で1時間以内	4.8	1.6	1.8	1.4
車や電車等で3時間以内	2.7	2.7	1.4	2.1
それより遠い	2.4	2.4	2.1	2.0
n =	1,271	964	1,957	1,209

図7-2 年齢別回答分布（%）

7.2 親の住居との距離

Sec. 7.1 では，親の立場から子どもの住居との距離を調べた。ここでは，逆に子どもの立場からみて，親の住居との距離を調べてみよう。複数の子どもが近くや遠くに住んでいることがあるので，それぞれの子どもの立場からみた距離は，親の立場からみた距離とは，やや異なってくる。

■ 年をとっても変わらない親との距離

図 7-3 が，回答者の親の住居との距離である。父親と母親が別々に暮らしている場合は近い方との距離であり，両親ともにいない回答者は分析対象から除いている。同居率は，もっとも高い台湾でも5 割に満たず，韓国・中国では 2 割にとどまっている。また，韓国の別居には遠距離が多く，半数が 1 時間以上かかる所に住んでいる。逆に，中国の別居には近距離が多い。年齢別の分布では，どの国・地域でも 20 代で同居が多く，30 代から別居が激増する（図 7-4）。30 代以降の変動は少なく，高齢になっても，親との同居・近居が増える様子はほとんどみられない（60 代は親が存命のケースが少ないので誤差が大きい）。

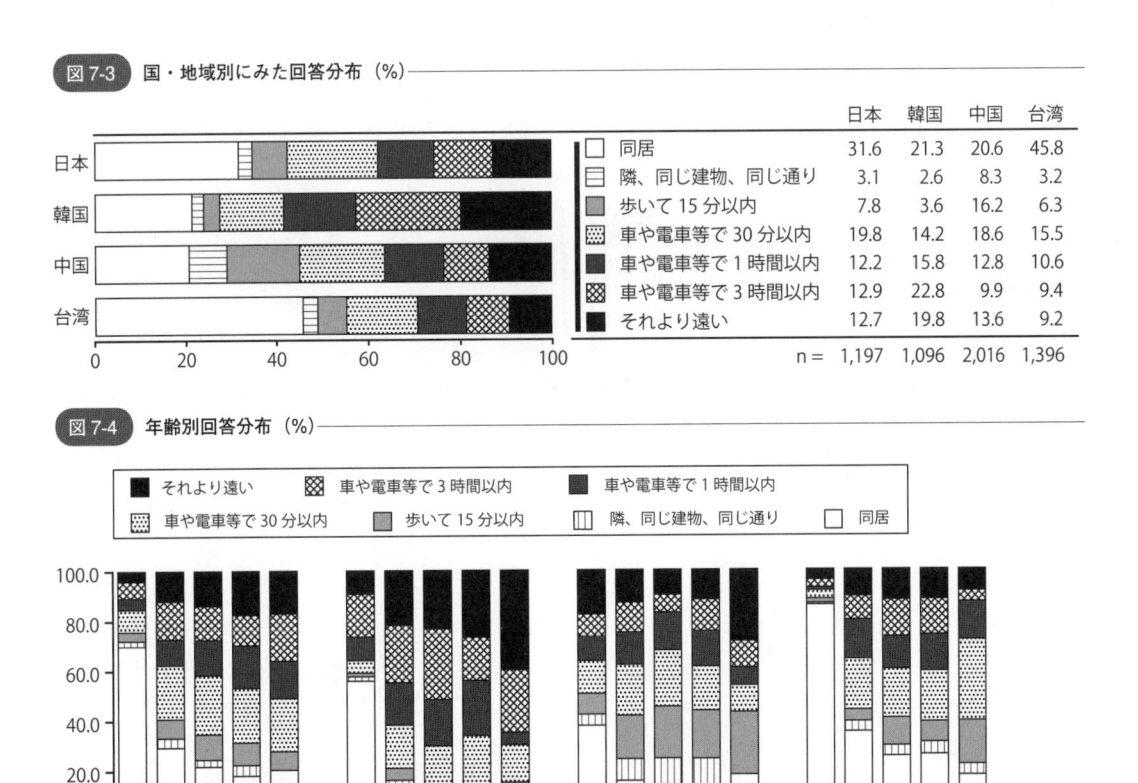

図 7-3 国・地域別にみた回答分布（％）

	日本	韓国	中国	台湾
同居	31.6	21.3	20.6	45.8
隣、同じ建物、同じ通り	3.1	2.6	8.3	3.2
歩いて 15 分以内	7.8	3.6	16.2	6.3
車や電車等で 30 分以内	19.8	14.2	18.6	15.5
車や電車等で 1 時間以内	12.2	15.8	12.8	10.6
車や電車等で 3 時間以内	12.9	22.8	9.9	9.4
それより遠い	12.7	19.8	13.6	9.2
n =	1,197	1,096	2,016	1,396

図 7-4 年齢別回答分布（％）

7.3 未婚の男性は，自分の親を経済的に支援すべきだ

親孝行は東アジアに共通の儒教的規範であるが，特にどの子どもが孝行をすべきかは，文化によって少しずつ異なっている。Sec. 7.3～7.8 では，6 種類の親子の組み合わせについて，親を経済的に支援することの規範意識を調べ，日・韓・中・台の違いを探る。はじめに，未婚の男性が親を支援することについての考えをみてみよう。

■ 孝行規範の弱い日本，強い台湾

図 7-5 は，「未婚の男性」が親を支援することへの賛否を示している。いずれの国・地域でもこの規範は強く支持されるが，日本では他に比べて規範意識の弱さが目立つ。逆にもっとも規範意識が強いのは台湾であり，8 割以上の賛同を得ている。年齢による違いを調べると，どの国・地域でも高齢者に規範を支持する人々がやや少なくなる（図 7-6）。これは，支援を受けるような年齢に自分が近づくにつれて，そのような意見を表明しにくくなるのかもしれない。また，日本では男性に規範意識が強い傾向がみられる（図 7-7）。

図 7-5 国・地域別にみた回答分布（%）

	日本	韓国	中国	台湾
7 強くそう思う	4.3	20.3	11.0	31.6
6 そう思う	16.9	21.2	26.5	32.9
5 どちらかといえばそう思う	22.3	35.5	31.9	20.2
4 どちらともいえない	35.1	13.4	16.7	8.7
3 どちらかといえばそう思わない	8.3	6.6	10.1	4.1
2 そう思わない	11.3	2.0	2.5	1.6
1 強くそう思わない	1.8	1.0	1.3	0.8
n =	1,703	1,427	3,109	1,824

図 7-6 年齢別平均値

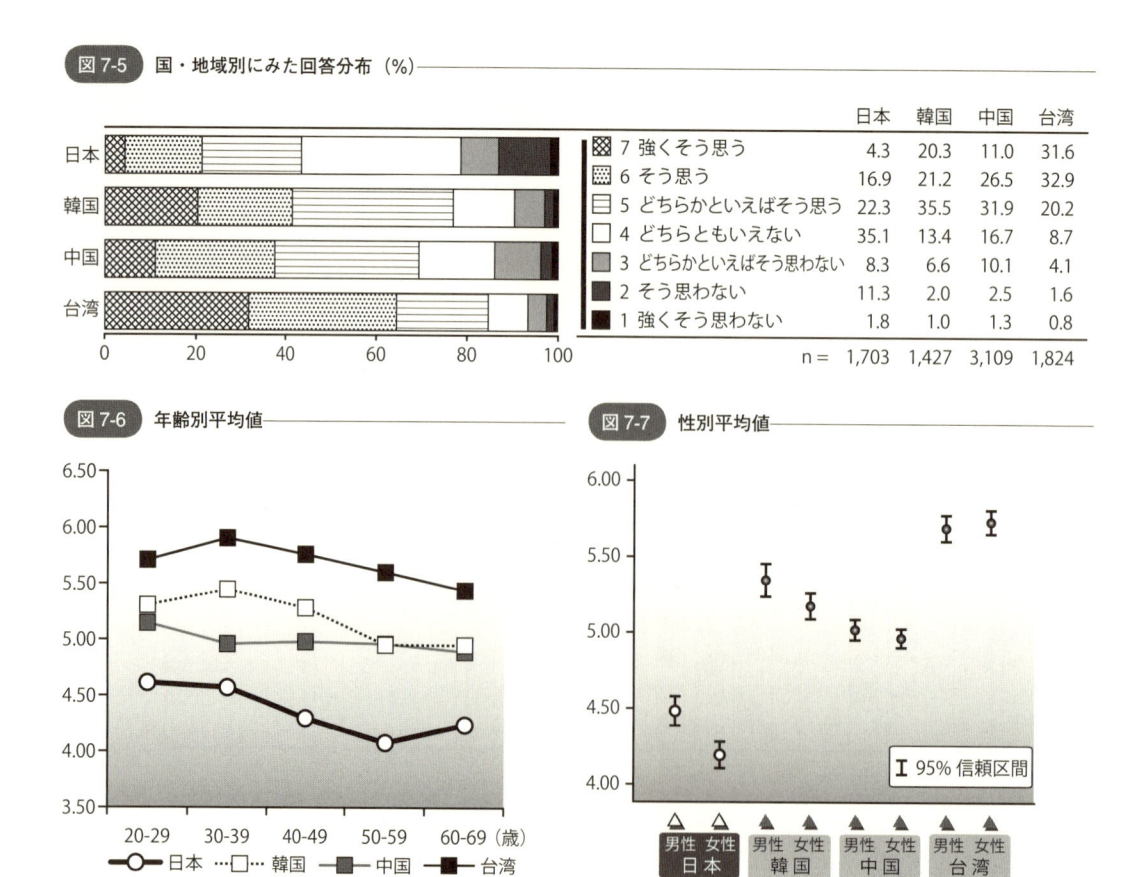

図 7-7 性別平均値

7.4 未婚の女性は，自分の親を経済的に支援すべきだ

Sec. 7.3 では未婚の男性が親を支援することへの賛否を調べた。では，「未婚の女性」が親を支援することについては，意見が異なるのだろうか。未婚の子どもの性別によって親孝行の規範がどう違うのか，調べてみよう。

■ 女性による親孝行に消極的な台湾の男性

図 7-8 は，「未婚の女性」が親を経済的に支援することについての賛否を示している。一見してわかるように，未婚の男性の場合（Sec. 7.3）とほとんど同じ分布の形をしている。もう少し詳しく2つの規範について回答の組み合わせを調べてみると，日本で 92%，韓国で 86%，中国で 79%，台湾で 79% の人々がまったく同じ回答を示しており，未婚の子どもが男性でも女性でも孝行規範に大きな区別はないようである。ただし，台湾の男性に限ると，これらをある程度区別する傾向がみられる。2つの規範に同じ回答をしている割合は 72% にとどまり，台湾人男性の 25% が男性による親孝行の方をより強く支持している。台湾人女性の意識にはそのような区別はほとんどみられず，男女で意識の差異がある（図 7-10）。日本で女性よりも男性の規範意識が強いという結果は，未婚の男性について尋ねた場合（Sec. 7.3，図 7-7）と同じである。

図 7-8 国・地域別にみた回答分布（%）

	日本	韓国	中国	台湾
7 強くそう思う	3.1	17.7	10.6	24.7
6 そう思う	14.3	19.3	25.5	28.8
5 どちらかといえばそう思う	22.3	36.4	30.6	24.9
4 どちらともいえない	37.8	16.1	19.0	13.1
3 どちらかといえばそう思わない	9.0	7.4	10.1	5.6
2 そう思わない	11.6	2.2	3.1	1.8
1 強くそう思わない	2.0	1.0	1.2	1.0
n =	1,669	1,427	3,109	1,824

図 7-9 年齢別平均値

図 7-10 性別平均値

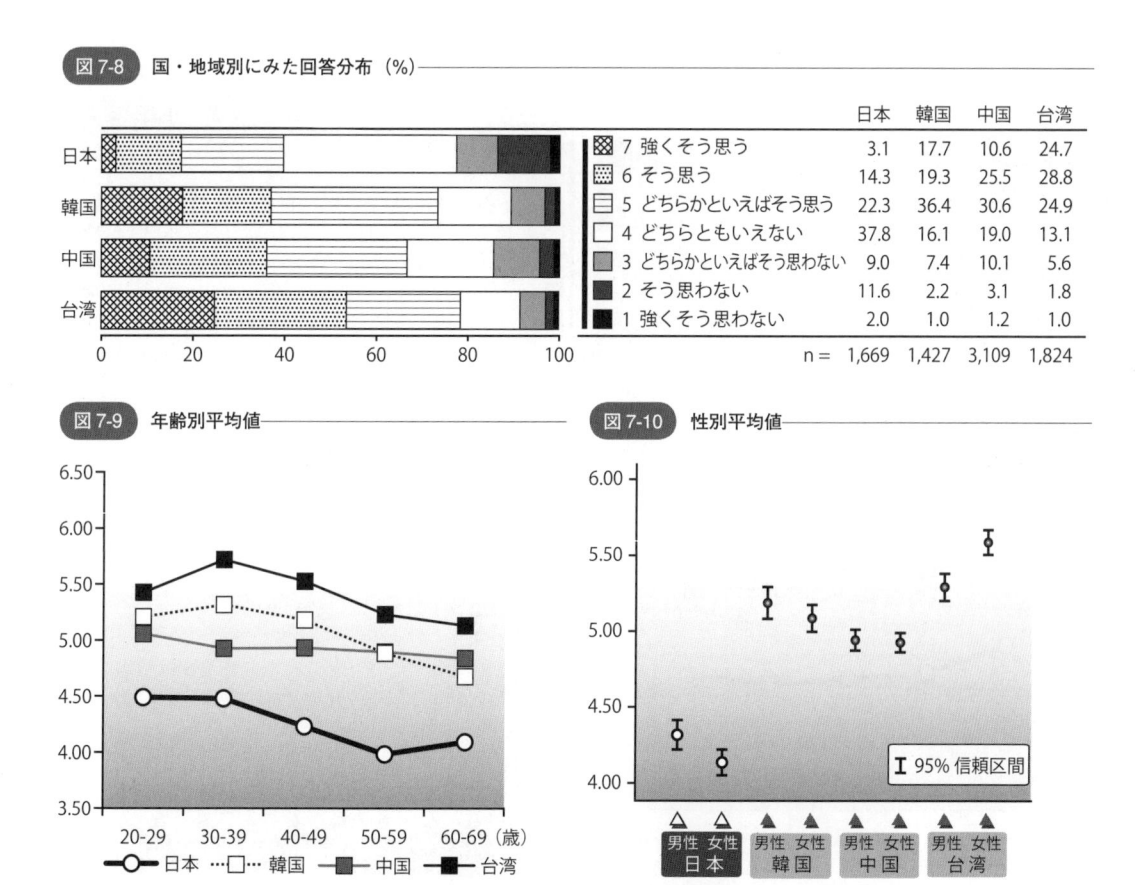

7.5　結婚した男性は，自分の親を経済的に支援すべきだ

　未婚の子どもによる親孝行については，子どもの性別をほとんど区別しない規範意識がみられ，台湾で規範が強く日本で規範が弱いことがわかった（Sec. 7.3 〜 7.4 ☞ 72-73 頁）。では，子どもが結婚した場合には，あるべき親への支援はどう変化するのだろうか。まず，男性が結婚した場合について調べてみよう。

■ 結婚で孝行の義務が強まる日・中・韓の男性

　図 7-11 は，「既婚の男性」が自分の親を経済的に支援することへの賛否を示している。未婚の男性による支援の場合（Sec. 7.3）と比べると，日本や中国では明らかに賛成の割合が増えており，韓国でも程度は弱いが同じ傾向がみられる。つまり，男性は結婚すれば親孝行の義務が増すと考えられている。これに対して，台湾では未婚の男性の場合とほとんど分布が変わらない。ただし，2つの規範意識についてまったく同じ回答をしている台湾人の割合を調べてみると 58％にとどまり，残りは，既婚男性の方が義務が強いと考える人と，逆に，未婚男性の方が義務が強いと考えている人にちょうど二分される。このような意見の対立は，台湾だけにみられる特殊な傾向である。年齢や性別による考え方の違い（図 7-12，図 7-13）は，未婚男性の場合（Sec. 7.3，図 7-6，図 7-7）と似かよっている。

図 7-11 国・地域別にみた回答分布（％）

	日本	韓国	中国	台湾
7 強くそう思う	6.3	20.0	20.3	32.6
6 そう思う	24.6	30.1	35.9	31.4
5 どちらかといえばそう思う	24.6	34.2	31.4	23.1
4 どちらともいえない	32.0	9.9	10.4	7.8
3 どちらかといえばそう思わない	5.4	3.7	1.8	3.7
2 そう思わない	5.8	1.0	0.3	0.8
1 強くそう思わない	1.3	1.1	0.1	0.6
n =	1,717	1,427	3,109	1,824

図 7-12 年齢別平均値

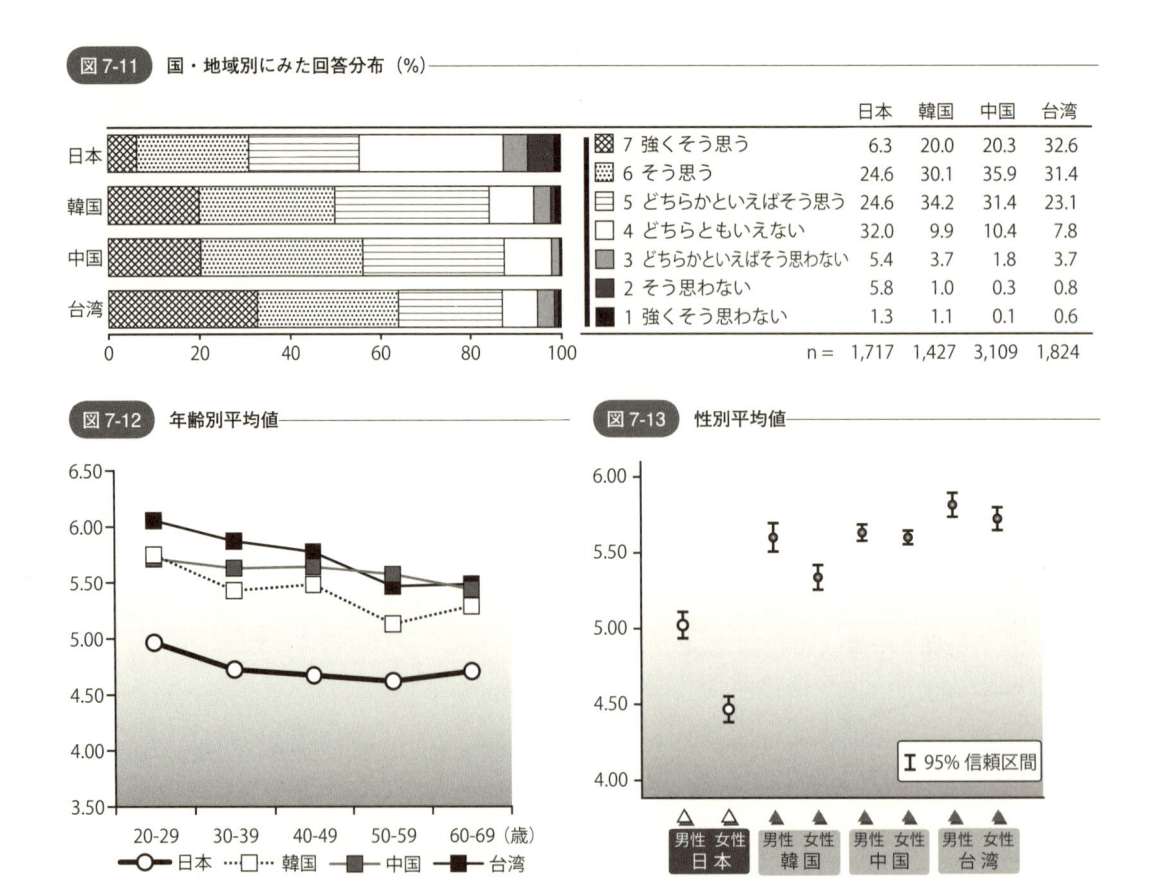

図 7-13 性別平均値

7.6 結婚した女性は，自分の親を経済的に支援すべきだ

Sec. 7.5 では，子どもが結婚したときの親孝行規範の変化について，子どもが男性の場合を調べた。次に，子どもが女性の場合について調べてみよう。男性と同じような変化がみられるのだろうか。

■ 結婚で孝行の義務が強まる中国の女性，弱まる台湾の女性

図 7-14 は，「既婚の女性」が自分の親を経済的に支援することへの賛否を示している。女性が未婚の場合の規範意識（Sec. 7.4 ☞ 73 頁）との違いを調べてみると，国・地域によってまったく異なる特徴がみられる。日本や韓国では，女性が結婚しても未婚の場合と比べて特に賛否の分布は変わらない。これに対して，中国では女性も結婚すると親孝行の義務が増すと考えられているようである。逆に，台湾では，結婚した女性は未婚の場合と比べて親孝行の義務が大きく減退している。年齢や性別による意識の違い（図 7-15，図 7-16）は，未婚女性の場合（Sec. 7.4，図 7-9，図 7-10）とほぼ同様である。

結婚による親孝行規範の違い（Sec. 7.3～7.6）は，次のようにまとめることができる。未婚時は，どの国・地域でも子どもの性別で親孝行の義務が区別されることはほとんどない。中国では，結婚すると男女にかかわらず義務が増す。日本と韓国は，結婚によって男性の義務だけが増し，女性は変わらない。台湾では，結婚で女性の義務が減り，男性は変わらない。

図 7-14 国・地域別にみた回答分布 (%)

	日本	韓国	中国	台湾
7 強くそう思う	3.6	13.2	18.3	13.5
6 そう思う	15.4	24.7	33.7	17.7
5 どちらかといえばそう思う	22.5	38.3	33.0	31.0
4 どちらともいえない	40.0	15.3	11.8	19.5
3 どちらかといえばそう思わない	9.0	5.8	2.7	11.2
2 そう思わない	8.1	1.2	0.4	4.6
1 強くそう思わない	1.4	1.4	0.1	2.6
n =	1,687	1,427	3,109	1,824

図 7-15 年齢別平均値

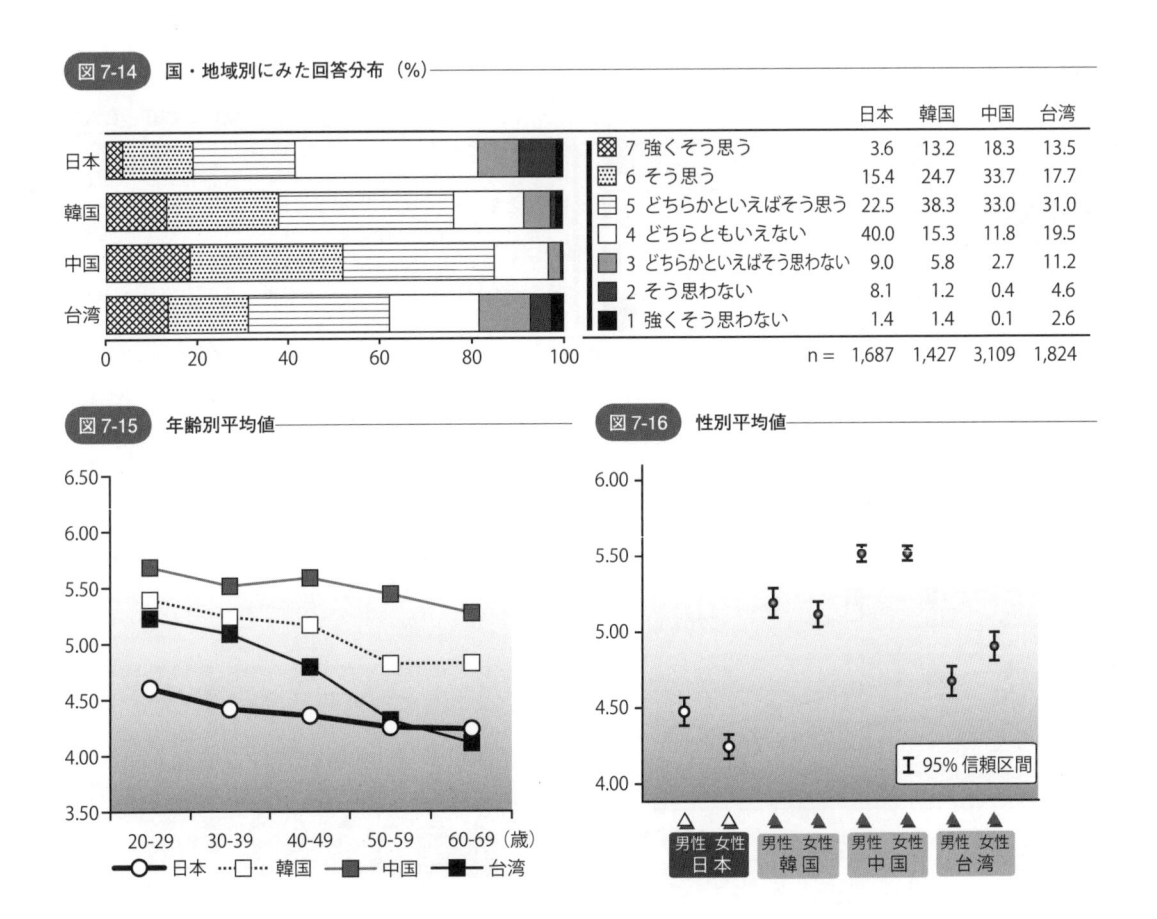

図 7-16 性別平均値

7.7 結婚した男性は，妻の親を経済的に支援すべきだ

Sec. 7.5～7.6（☞ 74-75 頁）では結婚した子どもの親孝行規範について調べたが，結婚した子どもは自分自身の親に加えて結婚相手の親のことも考えなければならない。結婚した子どもが妻や夫の親を経済的に支援することについては，それぞれの国・地域でどのように考えられているのだろうか。まず，男性が妻の親を支援することへの考えについて，調べてみよう。

■ 妻の親への孝行規範が弱い日本と台湾

図 7-17 は，結婚した男性が「妻の親」を経済的に支援することへの賛否である。既婚男性が自分の親を支援する場合（Sec. 7.5 ☞ 74 頁）と比べると，日本と台湾で，妻の親への孝行規範の方が大幅に弱いことがわかる。特に，台湾では未婚・既婚にかかわらず男性による孝行規範は強く支持されていたが，話が自身の親ではなく妻の親ということになると考え方が異なるようである。日本でも台湾でも，自分の親と妻の親について考え方の落差が大きいのは，回答者が男性の場合である（図 7-19 と Sec. 7.5 の図 7-13 ☞ 74 頁を比較）。つまり，男性自身が，妻の親への支援に消極的なようである。このような日本と台湾に対して，韓国と中国では，男性が自分の親を支援する場合でも妻の親を支援する場合でも，大きな考えの違いはなく，8 割以上の高い割合で孝行規範を支持している。

図 7-17 国・地域別にみた回答分布（%）

	日本	韓国	中国	台湾
7 強くそう思う	3.1	13.9	14.7	7.7
6 そう思う	13.4	24.2	31.6	14.0
5 どちらかといえばそう思う	21.2	43.0	34.5	33.7
4 どちらともいえない	41.3	13.5	15.3	24.6
3 どちらかといえばそう思わない	9.8	3.5	3.3	13.0
2 そう思わない	9.8	1.0	0.5	3.8
1 強くそう思わない	1.4	1.0	0.1	3.2
n =	1,721	1,427	3,109	1,824

図 7-18 年齢別平均値

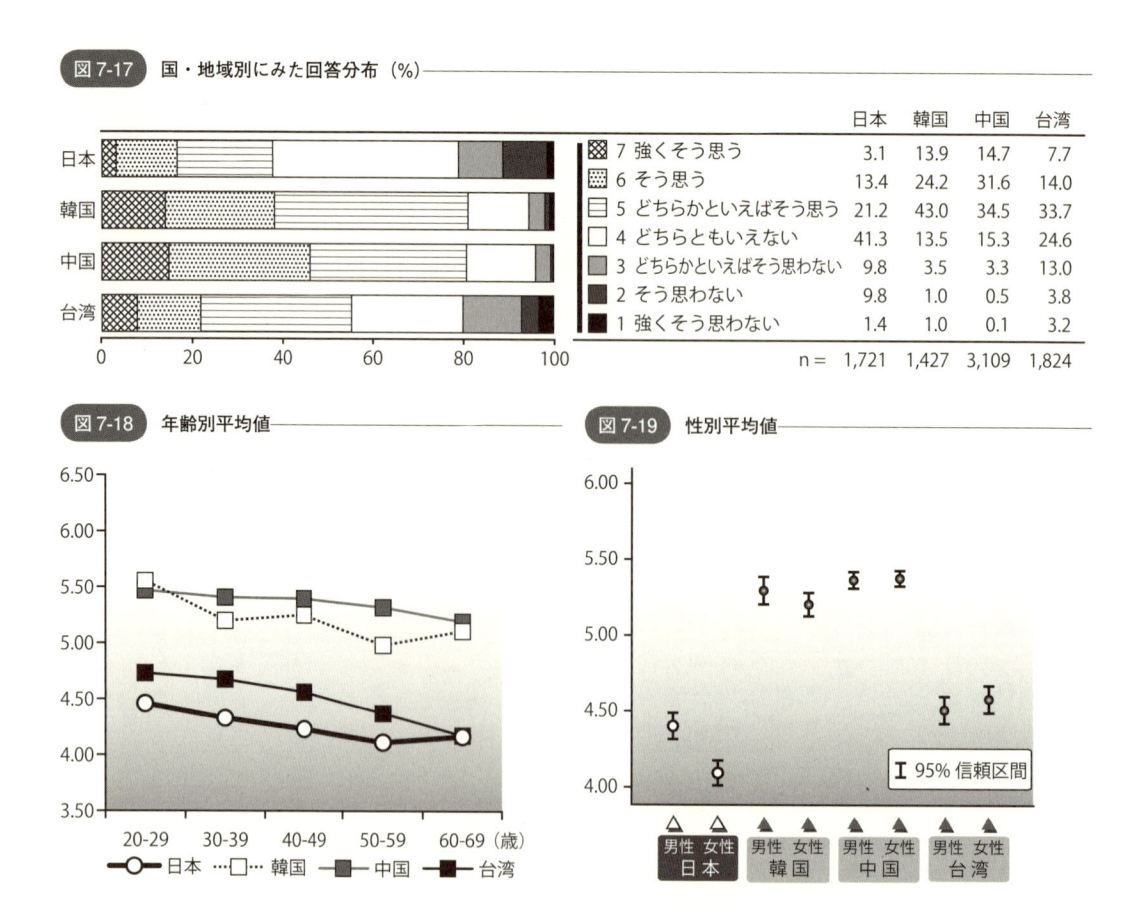

図 7-19 性別平均値

7.8 結婚した女性は，夫の親を経済的に支援すべきだ

Sec. 7.7 では，男性が妻の親を支援することについて孝行規範を調べた。では，逆に女性が夫の親を経済的に支援することについては，どのように考えられているのだろうか。

■ 夫の親にも孝行が期待される女性

図 7-20 は，結婚した女性が「夫の親」を経済的に支援することへの賛否である。既婚女性が自分の親を支援する場合（Sec. 7.6 ☞ 75 頁）と比べてみると，どの国・地域でも大きな考え方の違いはないことがわかる。既婚女性は，自分の親に対しても夫の親に対しても同じように支援するべきと考えられているようである。ただし，この結果は経済的な支援に絞って質問をしていることに注意すべきだろう。介護や家事といった支援の場合には，違った考え方が示される可能性が高い。また，視点を変えて男性が妻の親を支援する場合（Sec. 7.7）と比べてみると，やはり分布の形が非常によく似ている。夫の親への孝行規範と妻の親への孝行規範について同じ回答を示している人々の割合を調べると，日本で 87%，韓国で 85%，中国で 84%，台湾で 67% に達する。台湾を除くと，夫でも妻でも義理の親を支援することは，ほとんど同じように考えられているようである。台湾では，どちらが大切かについて，やや意見の対立がみられる。

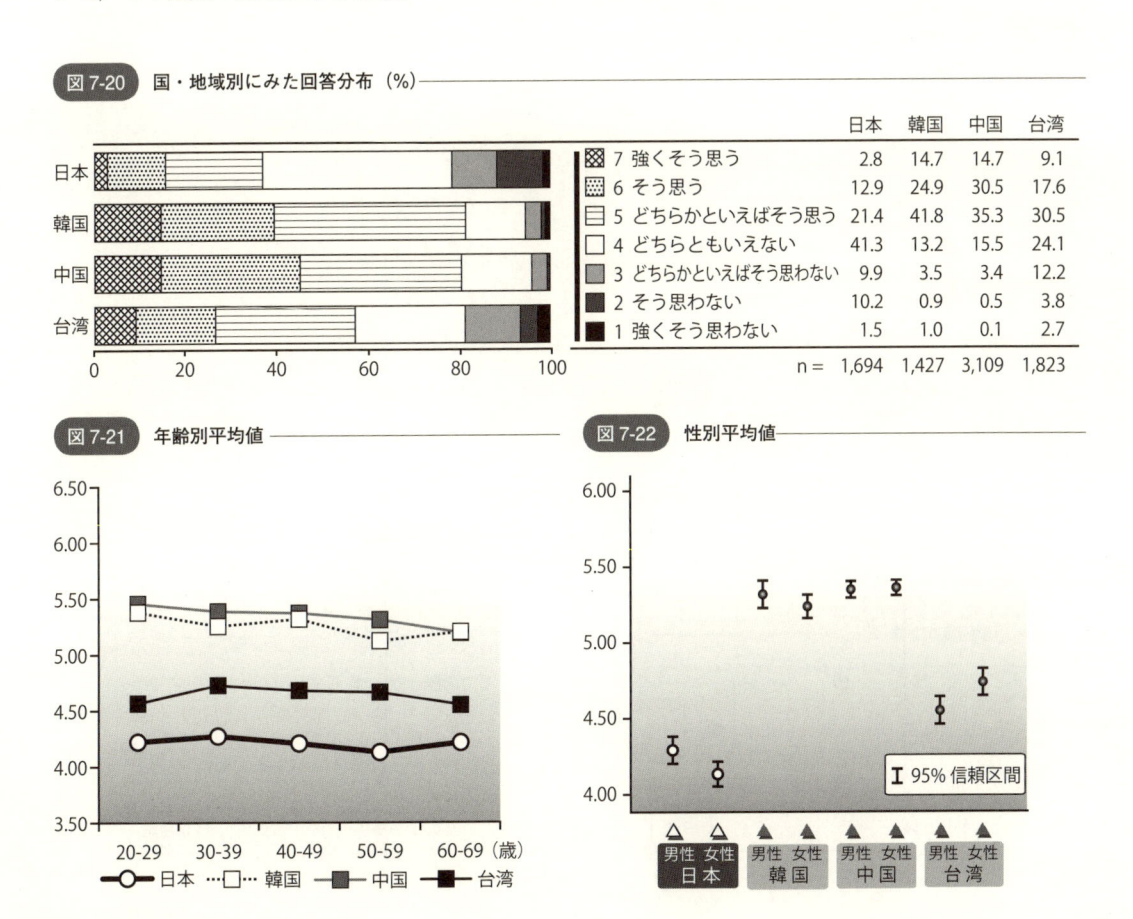

図 7-20 国・地域別にみた回答分布（%）

	日本	韓国	中国	台湾
7 強くそう思う	2.8	14.7	14.7	9.1
6 そう思う	12.9	24.9	30.5	17.6
5 どちらかといえばそう思う	21.4	41.8	35.3	30.5
4 どちらともいえない	41.3	13.2	15.5	24.1
3 どちらかといえばそう思わない	9.9	3.5	3.4	12.2
2 そう思わない	10.2	0.9	0.5	3.8
1 強くそう思わない	1.5	1.0	0.1	2.7
n =	1,694	1,427	3,109	1,823

図 7-21 年齢別平均値

図 7-22 性別平均値

7.9 一般的に，年老いた親の世話は，どの子どもに責任があると思いますか

　成長した子どもが年老いた親の世話をするという考え方は，多くの文化に共通するが，どの子どもがその責任を負うのかということになると，意見の違いは意外と大きい。日本・韓国・中国・台湾はいずれも儒教的な規範が強い文化圏であるが，そのなかでの違いを調べてみよう。

■ 長男以外による老親扶養を認めつつある韓国

　図7-23は，それぞれの国・地域で，どの子どもに老親の世話をする責任があると考えられているかを示している。韓国を除いた3つの国・地域では，子どもが全員で世話をするという意見が6～7割と圧倒的に多数派であり，どの子どもにも責任があると考えられているようである。2位に注目すると，日本では「長男」，中国では「子どもの誰か」，台湾では「息子の誰か」と微妙な意識の違いがみられる。一方，大きく考え方が異なるのが韓国であり，「子ども全員」と並んで「長男」「子どもの誰か」という3つの意見が拮抗している。韓国の伝統にしたがえば長男が重視されるところであるが，近年の少子化（Sec. 3.1 ☞ 28頁）や親子が離れて暮らす状況（Sec. 7.1～7.2 ☞ 70-71頁）によって，他の子どもの協力を認める方向に考え方が変化しつつあるようである。

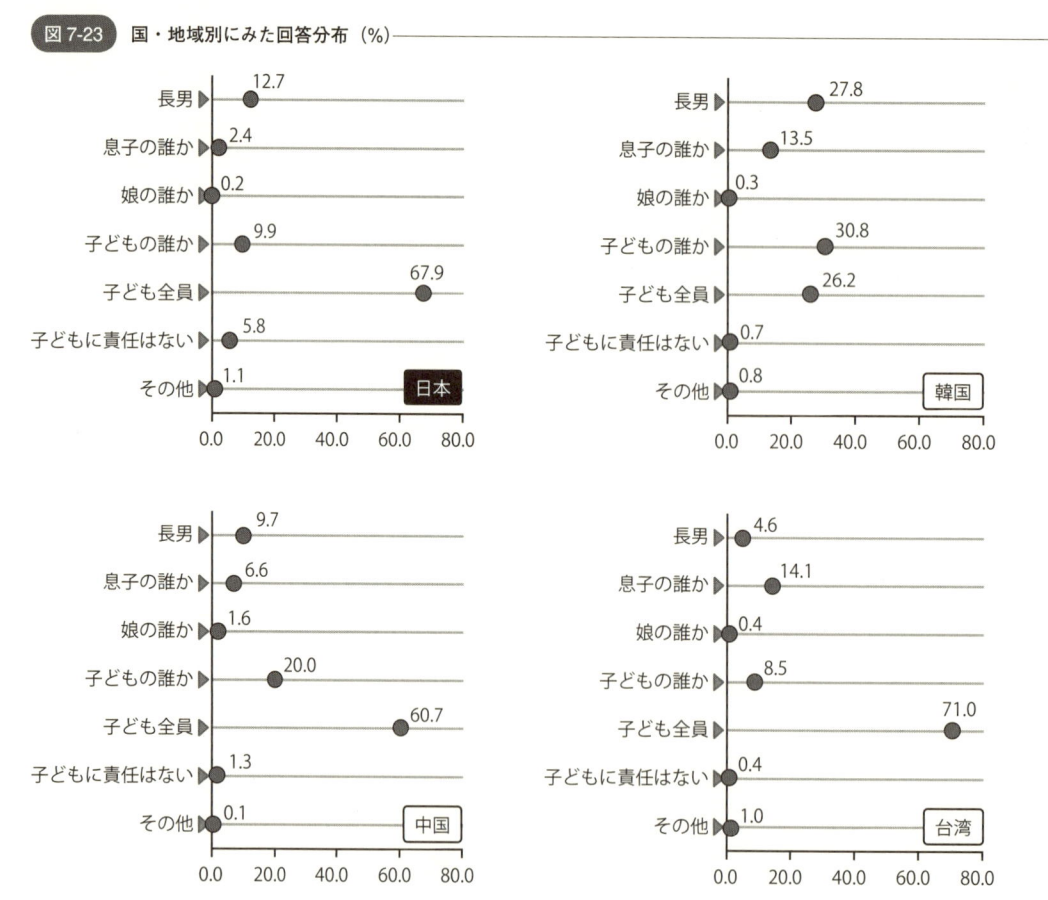

図7-23 国・地域別にみた回答分布（％）

日本
- 長男: 12.7
- 息子の誰か: 2.4
- 娘の誰か: 0.2
- 子どもの誰か: 9.9
- 子ども全員: 67.9
- 子どもに責任はない: 5.8
- その他: 1.1

韓国
- 長男: 27.8
- 息子の誰か: 13.5
- 娘の誰か: 0.3
- 子どもの誰か: 30.8
- 子ども全員: 26.2
- 子どもに責任はない: 0.7
- その他: 0.8

中国
- 長男: 9.7
- 息子の誰か: 6.6
- 娘の誰か: 1.6
- 子どもの誰か: 20.0
- 子ども全員: 60.7
- 子どもに責任はない: 1.3
- その他: 0.1

台湾
- 長男: 4.6
- 息子の誰か: 14.1
- 娘の誰か: 0.4
- 子どもの誰か: 8.5
- 子ども全員: 71.0
- 子どもに責任はない: 0.4
- その他: 1.0

7.10　あなたの親の世話については，主にどなたが決めていますか（決めていましたか）

　老親の世話は子どもの重要な務めであるが，親が老いるころには多くの子どもは結婚しているので，それは夫婦で取り組む問題となる。夫婦の間ではどのような力関係が生じているのだろうか。

■ 平等な決定権の中・台，妻が決める日・韓

　図7-24は，回答者の親の世話の仕方について，自分と配偶者のどちらがどの程度の決定権をもっているかを表している。データは，親が存命の有配偶者に限られており，回答者が夫の場合と妻の場合でわけて結果を示している。中国と台湾では，夫の回答と妻の回答の違いが小さく，中国ではいずれの親についても2人で決めており，台湾では自分の親については自分で決める傾向が強い。一方，日本と韓国では，夫の親については夫婦が同じ程度の決定権をもっているのに対して，妻の親については妻が自分で決める傾向が強い。夫が妻の親を世話することが少ないことは，どの国・地域でも共通している（Sec. 7.21 ☞ 91頁）が，世話の仕方を決める力関係は，日・韓と中・台の間で異なるようである。

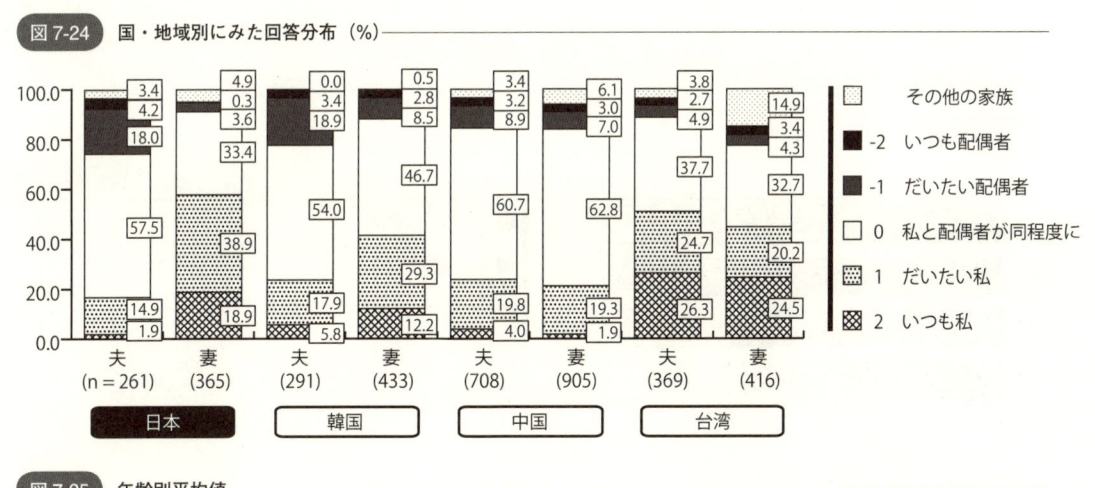

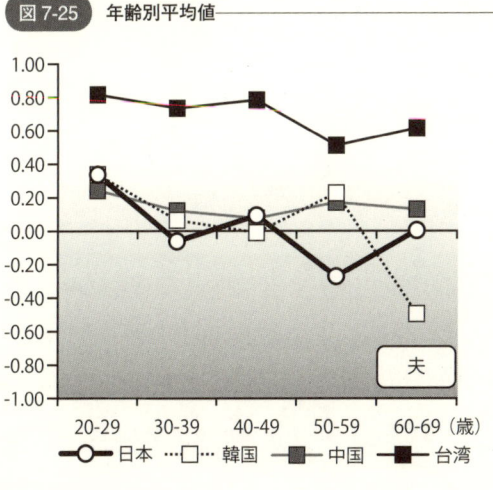

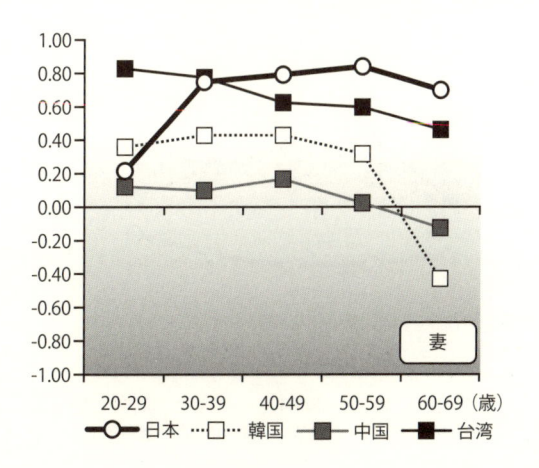

図7-24 国・地域別にみた回答分布（%）

図7-25 年齢別平均値

7.11 過去1年間に，あなたはご自身の親へ，経済的な支援をどの程度しましたか

　東アジアの人々は，自分の親との間で日常的に援助のやりとりをどの程度しているのだろうか。Sec. 7.11 〜 7.14 では，親への援助と親からの援助のそれぞれについて，経済的な援助と実践的な援助にわけて，4つの援助の頻度を順番に調べる。まず，親への経済的援助についてである。

■ 親への経済的援助が少ない日本

　図 7-26 は，回答者から自分の親への経済的な援助の頻度を示している。両親ともにすでにいない人々は集計から除いている。一見してわかるように，日本では他の国・地域と比べて親への経済的援助があまり行なわれておらず，4割の人々がまったくないと回答している。また，台湾では頻繁な援助の割合がやや高い。親を経済的に支援する規範の強さ（Sec. 7.3 〜 7.6 ☞ 72-75 頁）と実際の行動が，よく対応している。年齢の影響は国・地域によってやや異なり，日本と中国では 50 〜 60 代の人々が比較的援助をよくしているが，韓国と台湾では逆に 50 〜 60 代は比較的援助をしない傾向がみられる（図 7-27）。ただし，60 代については親が存命の人々が少なく，集計結果の誤差が大きいことには注意しなければならない（Sec. 7.12 〜 7.14（☞ 81-83 頁）や Sec. 7.20 〜 7.23（☞ 90-93 頁）等でも同様）。また，男性の方が自分の親を経済的に援助している傾向は，4つの国・地域で共通である（図 7-28）。

図 7-26 国・地域別にみた回答分布（%）

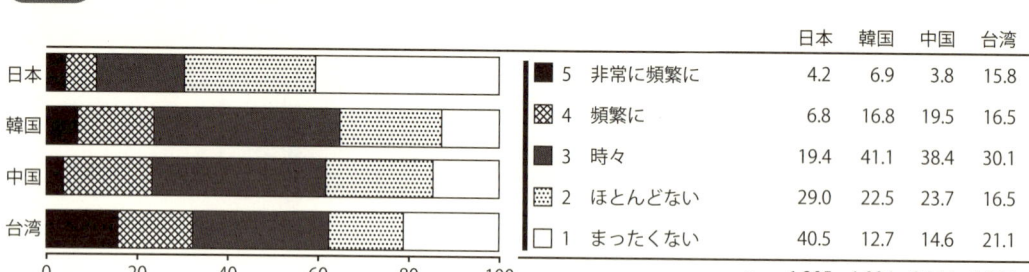

	日本	韓国	中国	台湾
5 非常に頻繁に	4.2	6.9	3.8	15.8
4 頻繁に	6.8	16.8	19.5	16.5
3 時々	19.4	41.1	38.4	30.1
2 ほとんどない	29.0	22.5	23.7	16.5
1 まったくない	40.5	12.7	14.6	21.1
n =	1,205	1,094	2,044	1,396

図 7-27 年齢別平均値

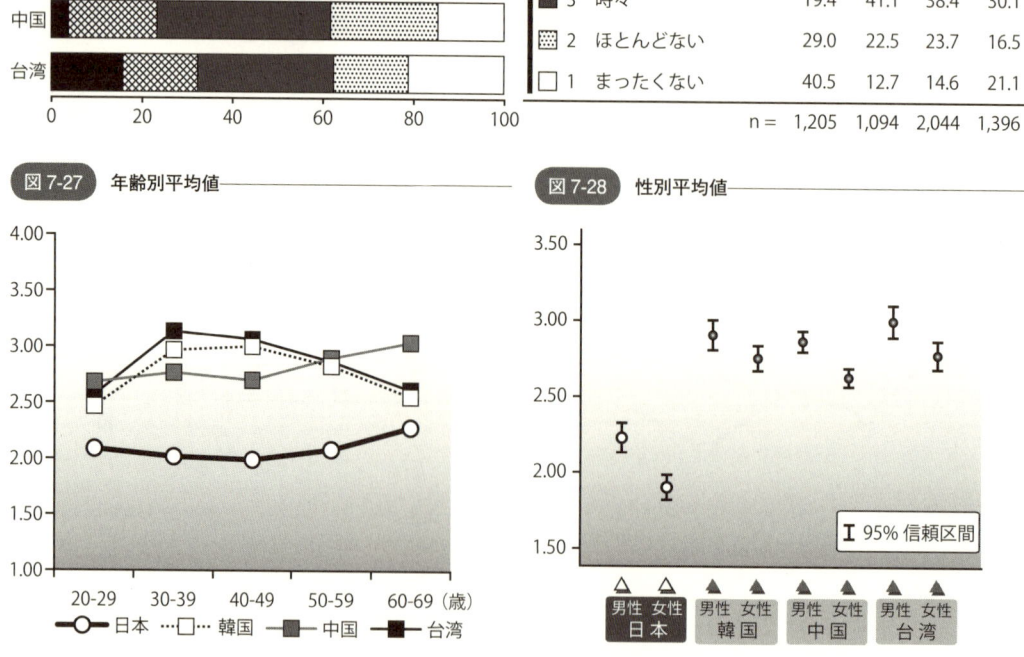

図 7-28 性別平均値

7.12 過去1年間に，あなたはご自身の親へ，家事や介護の支援をどの程度しましたか

Sec. 7.11では，親への経済的援助の頻度を調べた。次に，親への実践的な援助の頻度を調べよう。実践的援助とは，掃除・料理・買い物・雑用などの家事や介護のことである。経済的な援助の場合と違いはあるのだろうか。

■ 金銭よりも世話をする日本人

図7-29は，回答者から自分の親への実践的な援助の頻度を示している。経済的援助の場合（Sec.7.11）と同様に，日本ではあまり親を援助しない傾向がみられるが，他の国・地域との間に大幅な差はない。他の国・地域では，親への経済的援助と実践的援助が同じ程度になされているのに対して，日本では金銭による援助よりも家事や介護といった世話の方がよくなされているようである。また，台湾ではやはり経済的援助と同じように頻繁な援助の割合がやや高い。これは台湾での親との同居率の高さ（Sec. 7.2 ☞ 71頁）を反映しているのだろう。年齢による影響は，経済的援助の場合と似ており，日本と中国では加齢にともない親への援助が増えるのに対して，韓国と台湾ではむしろ減る傾向にある（図7-30）。性別による違いは小さく，日本と台湾でやや差がみられるものの，男性も女性も同じくらい世話をしていると答えている（図7-31）。

図7-29 国・地域別にみた回答分布（％）

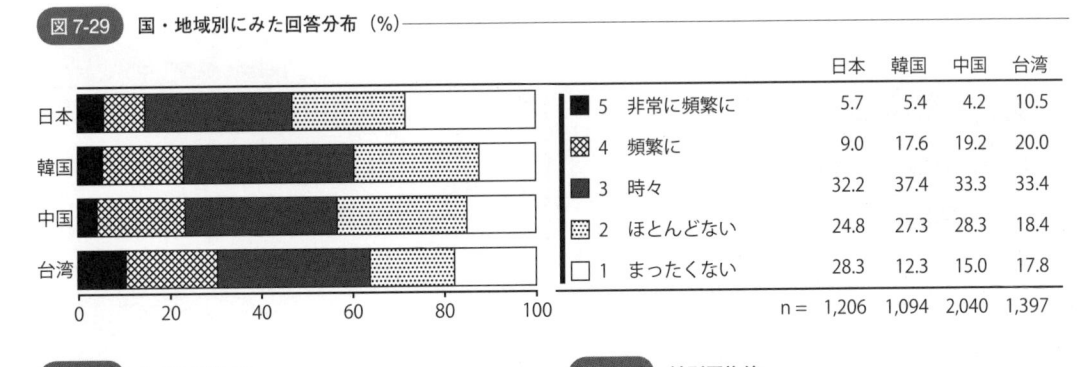

	日本	韓国	中国	台湾
5 非常に頻繁に	5.7	5.4	4.2	10.5
4 頻繁に	9.0	17.6	19.2	20.0
3 時々	32.2	37.4	33.3	33.4
2 ほとんどない	24.8	27.3	28.3	18.4
1 まったくない	28.3	12.3	15.0	17.8
n =	1,206	1,094	2,040	1,397

図7-30 年齢別平均値

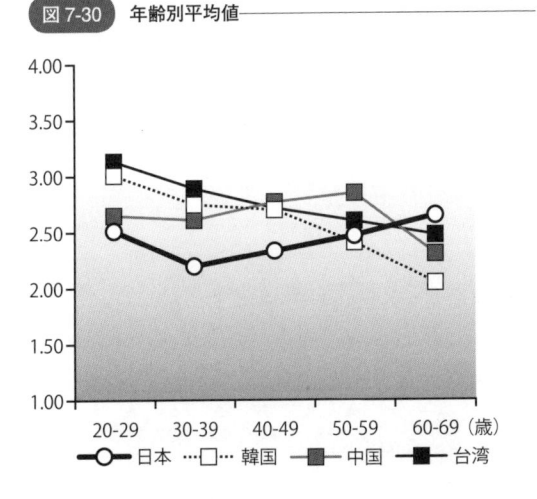

図7-31 性別平均値

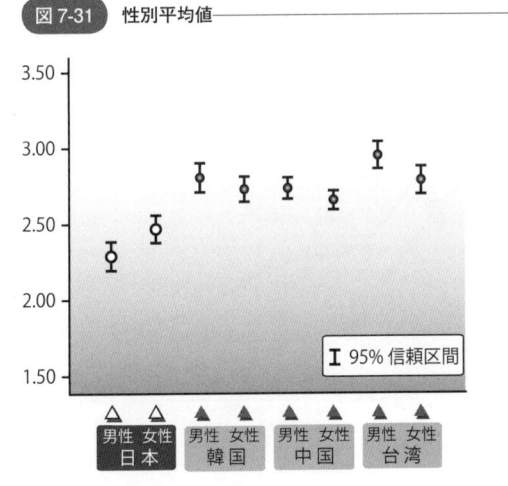

7.13 過去1年間に，あなたの親はあなたへ，経済的な支援をどの程度しましたか

Sec. 7.11〜7.12（☞ 80-81 頁）では，回答者から親への援助についてその頻度を調べたが，逆に親から援助を受けることはどの程度あるのだろうか。成人しても，しばらくの間は親の方が経済力をもっている場合が多く，また家事や育児の面で親を頼りにする場合もある。このような親からの援助について，経済的な援助から順に調べてみよう。

■ 親からの経済的援助が多い日・韓

図 7-32 は，回答者が親から受けている経済的な援助の頻度を示している。日本と韓国（特に韓国）では，比較的親から援助を受けることが多く，台湾でもっとも少ないことがわかる。親への経済的援助の場合（Sec. 7.11）と比べてみると，韓国・中国・台湾ではいずれも親に援助をすることの方が多い。これに対して，日本だけが，むしろ親から援助を受けることの方が多いという特殊性がみられる。年齢による違いは明らかで，どの国・地域でも若いほど親から援助を受ける頻度が大幅に高く，韓国でこの傾向がもっとも顕著である（図 7-33）。男女の違いを調べると，韓国や台湾では男性の方が援助を受けているのに対して，日本では逆に女性の方が援助を受けている傾向がみられる（図 7-34）。ただし，その差はいずれも小さい。

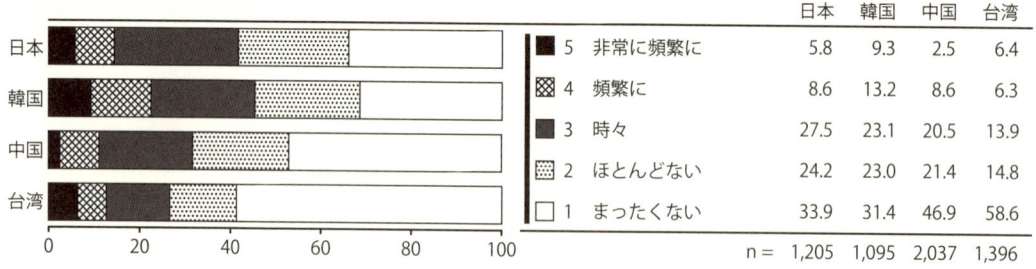

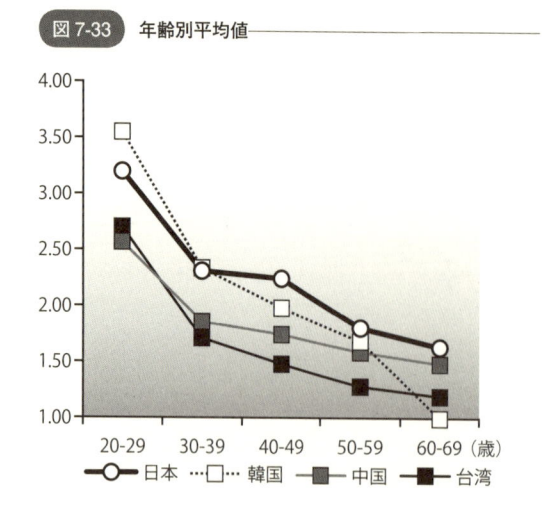

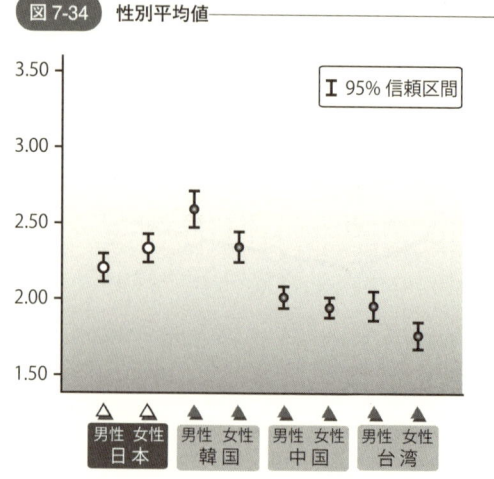

図 7-32 国・地域別にみた回答分布（%）

	日本	韓国	中国	台湾
5 非常に頻繁に	5.8	9.3	2.5	6.4
4 頻繁に	8.6	13.2	8.6	6.3
3 時々	27.5	23.1	20.5	13.9
2 ほとんどない	24.2	23.0	21.4	14.8
1 まったくない	33.9	31.4	46.9	58.6
n =	1,205	1,095	2,037	1,396

図 7-33 年齢別平均値

図 7-34 性別平均値

7.14 過去1年間に，あなたの親はあなたへ，家事や育児の支援をどの程度しましたか

　Sec. 7. 13 では，親から受ける援助のなかでも経済的援助の頻度を調べた。では，実践的援助についてはどうだろうか。親から受ける実践的援助としては，掃除・料理・買い物・雑用などの家事に加えて，育児の手伝いが大きな要素となる。

■ 頻繁に親からの世話を受ける若年者

　図 7-35 は，回答者が親から受けている実践的な援助の頻度を示している。国・地域による頻度の違いはあまり大きくないが，中国では頻繁な援助がやや少ない。親に実践的な援助をする場合（Sec. 7. 12 ☞ 81 頁）と比べると，いずれの国・地域でも援助を受けている割合の方が低いが，非常に頻繁な援助を受ける割合はむしろ高く，両極端な様子がうかがえる。年齢による違いは，経済的援助を受ける場合（Sec. 7. 13）よりもさらに大きく，どの国・地域でも若年者は非常に頻繁に親からの援助を受けている（図 7-36）。そのなかで中国の若年者は比較的援助を受けておらず，若年者の違いが全体的な違い（図 7-35）として現れているようである。中国で若年者が受ける援助が少ないのは，若年での既婚率が高く親と別居していることが多いこと（Sec. 1. 2, 図 1-5 ☞ 11 頁）と関連しているのだろう。男女別では，女性はあまり援助を受けない傾向がみられ，中国と台湾では特に男女差が大きい（図 7-37）。

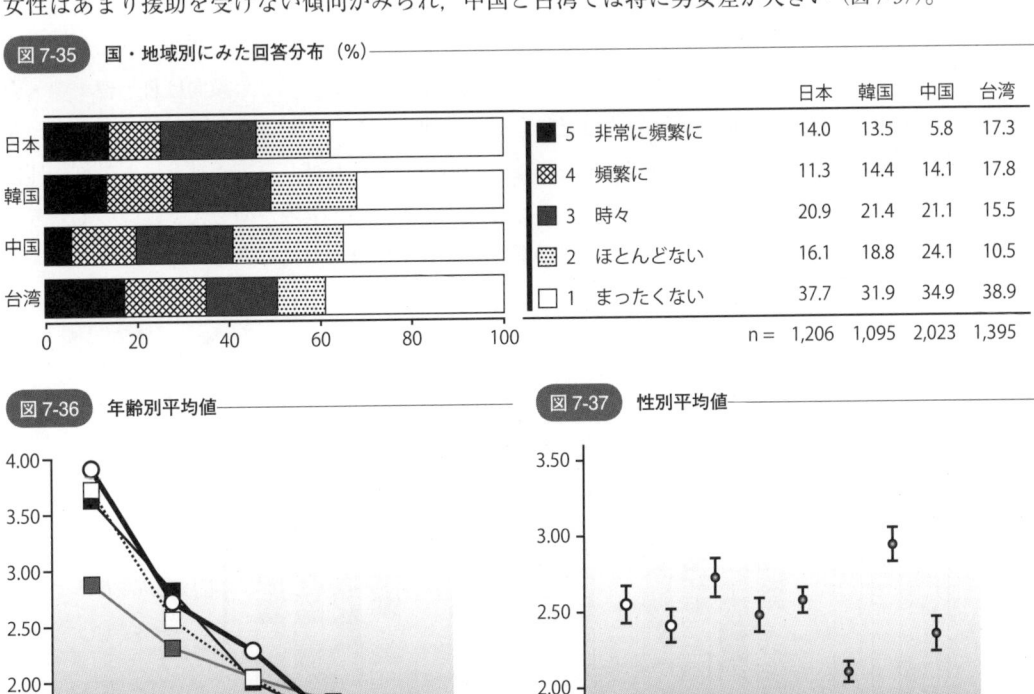

図 7-35　国・地域別にみた回答分布（%）

	日本	韓国	中国	台湾
■ 5　非常に頻繁に	14.0	13.5	5.8	17.3
▨ 4　頻繁に	11.3	14.4	14.1	17.8
■ 3　時々	20.9	21.4	21.1	15.5
▨ 2　ほとんどない	16.1	18.8	24.1	10.5
□ 1　まったくない	37.7	31.9	34.9	38.9
n =	1,206	1,095	2,023	1,395

図 7-36　年齢別平均値

図 7-37　性別平均値

7.15 親との援助関係ときょうだい順位

Sec. 7.11 ～ 7.14（☞ 80-83 頁）で親との間の援助のやりとりについて調べたが，援助の頻度は回答者のきょうだい順位によって違ってくるのだろうか。つまり，同じ男性でも長男と次男以下で違いがあったり，同じ女性でも長女と次女以下で違いがあったりするのだろうか。きょうだい順位の影響を調べることは，子どもたちの間での老親扶養の分担や，逆に，親のもつ資源の配分について知る意味がある。ここでは，親との間の 4 つの援助それぞれについて，きょうだい順位による違いを調べてみよう。

■ きょうだいが少なければ親から援助を受けやすい

図 7-38 ～ 7-41 は，順番に「親への経済的援助」「親への実践的援助」「親からの経済的援助」「親からの実践的援助」の頻度を，きょうだい順位別に示している。親への援助については，経済的援助の場合も実践的援助の場合も，きょうだい順位の影響はほとんどみられない。すでに調べたとおり親を経済的に援助する頻度に男女差がある（Sec. 7.11, 図 7-28 ☞ 80 頁）のみで，同じ性別のなかでは，長男・長女であっても次男・次女以下であっても違いはほとんどない。若干の違いがある点を探ると，親への経済的援助（図 7-38）については，韓国と台湾で長男よりも次男以下の方が親をよく援助する傾向がみられる。また，親への実践的援助（図 7-39）では，日本人の長男は次男以下よりも援助の頻度がやや高い。一方で，親からの援助に視点を移すと，経済的援助についても実践的援助についても，長男・長女が次男・次女以下に比べて明らかに頻繁に援助を受けており，この傾向は日・韓・中・台のすべてに共通である（図 7-40, 図 7-41）。ただし，この傾向は，きょうだいの人数が少ない場合に親からの援助を受けやすいことと関連している。きょうだいが少なければ，長男や長女である可能性は高く，特に一人っ子の場合には必ず長男・長女となる。きょうだいの人数が同じ人々について，きょうだい順位の影響を調べた場合には，きょうだい順位による違いはほとんどみられない。

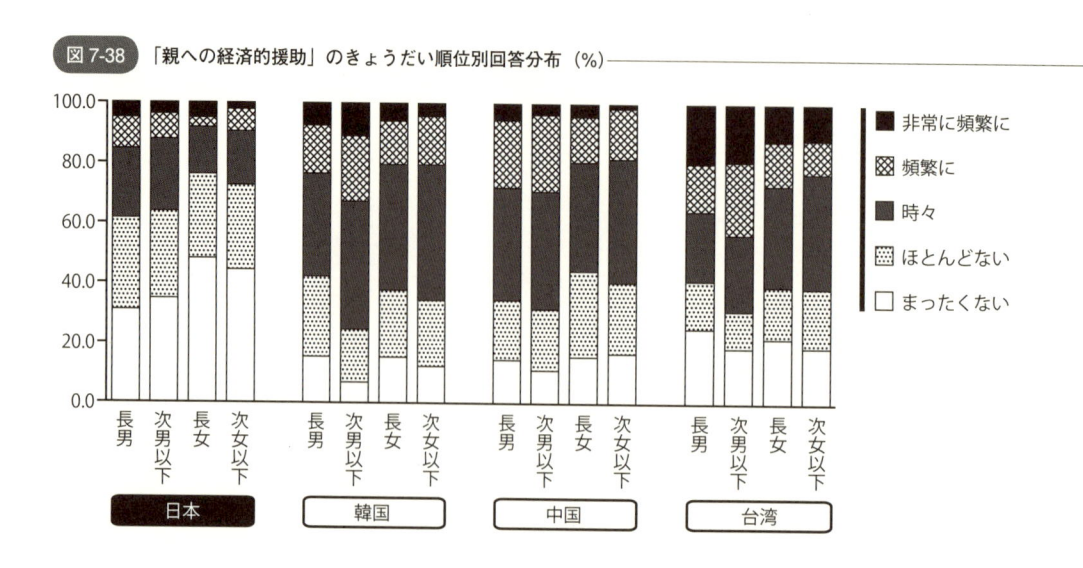

図 7-38 「親への経済的援助」のきょうだい順位別回答分布（%）

第 7 章　世代間援助

図 7-39　「親への実践的援助」のきょうだい順位別回答分布（％）

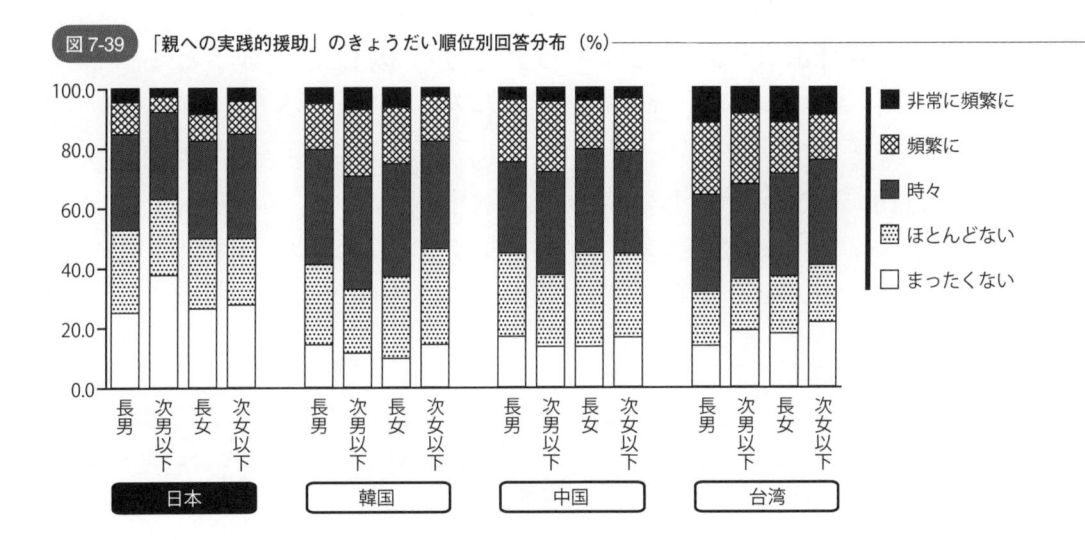

図 7-40　「親からの経済的援助」のきょうだい順位別回答分布（％）

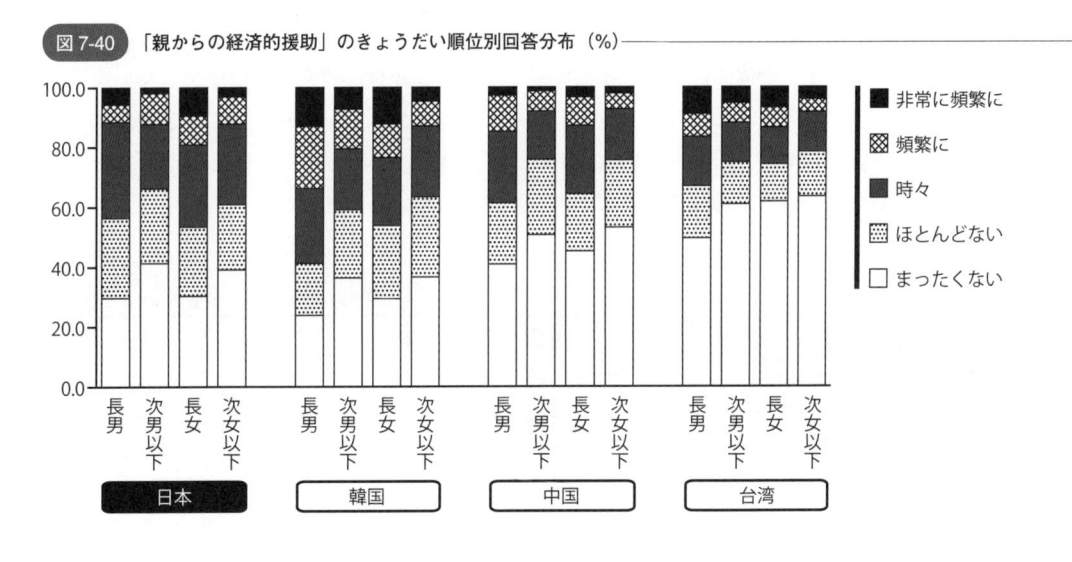

図 7-41　「親からの実践的援助」のきょうだい順位別回答分布（％）

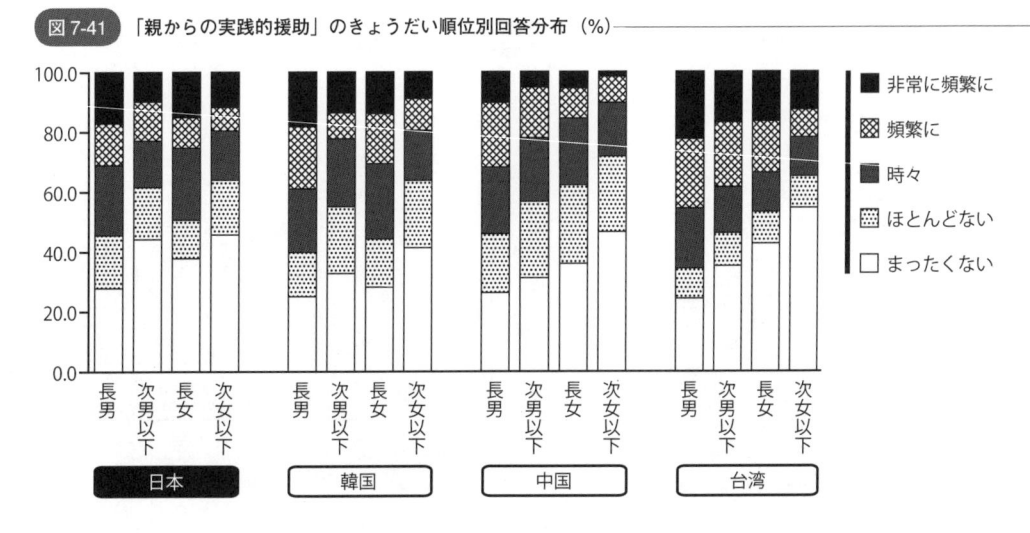

7.16 過去1年間に，あなたはもっともよく接している子どもへ，経済的な支援をどの程度しましたか

　Sec. 7.11～7.14（☞80-83頁）では，回答者を子どもの側と見立てて，親との援助のやりとりを調べた。Sec. 7.16～7.19では，逆に回答者を親の側と見立てて，成人した子どもとの援助のやりとりを調べよう。

■ 子どもへの経済的援助が頻繁な日・韓

　図7-42は，回答者から特定の子どもへの経済的な援助の頻度を示している。特定の子どもとは，18歳以上の子どものうちもっともよく接している子どもであり，18歳以上の子どもがいない人々は，集計から除いている。Sec. 7.13（☞82頁）と同じやりとりを親の立場からみていることになるので，分布の形は図7-32と非常によく似ており，日本や韓国（特に韓国）で援助が頻繁である傾向も同じである。ただし，もっともよく接している子どもを選んでおり，またSec. 7.13よりも若い世代の親子をとらえていることになるので，全体的に援助の頻度が高く，特に「非常に頻繁に」援助をしている割合が高い。年齢別の分布では，若い人々ほど子どもをよく援助しており（図7-43），Sec. 7.13の結果ともかみ合っている。男女別の集計（図7-44）では，父親と母親の違いを示していることになる。日本では，母親の方が援助をしており，台湾では父親の方が援助をしている傾向がややみられる。

図 7-42 国・地域別にみた回答分布（%）

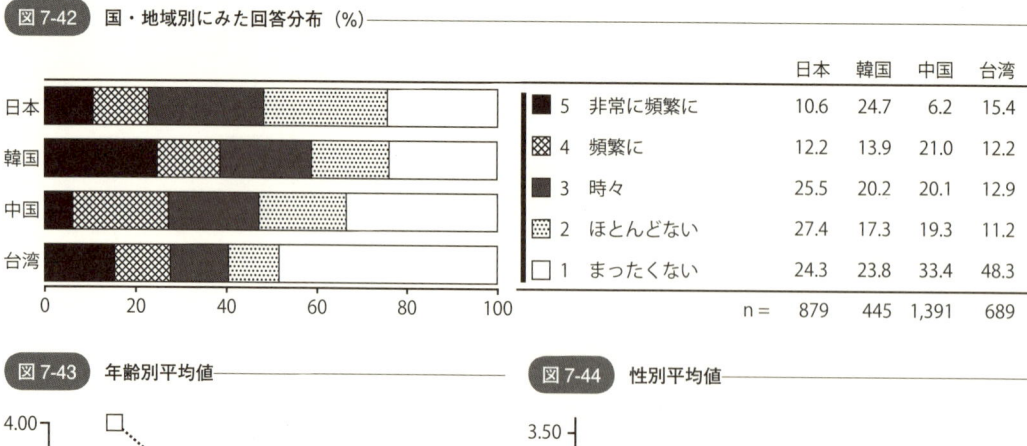

	日本	韓国	中国	台湾
5 非常に頻繁に	10.6	24.7	6.2	15.4
4 頻繁に	12.2	13.9	21.0	12.2
3 時々	25.5	20.2	20.1	12.9
2 ほとんどない	27.4	17.3	19.3	11.2
1 まったくない	24.3	23.8	33.4	48.3
n =	879	445	1,391	689

図 7-43 年齢別平均値

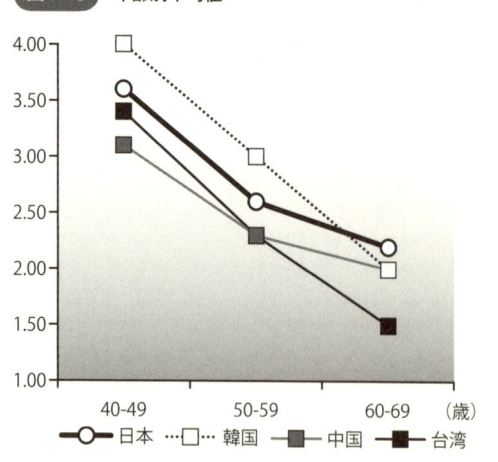

図 7-44 性別平均値

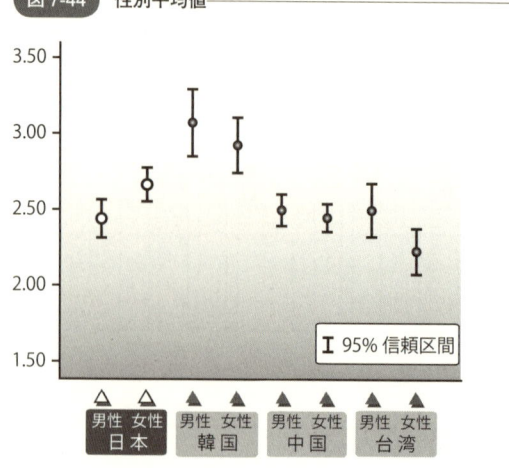

7.17 過去1年間に，あなたはもっともよく接している子どもへ，家事や育児の支援をどの程度しましたか

　Sec. 7.16 では，回答者から成人した子どもへの経済的援助について調べた。同じように，子どもへの実践的援助についても調べてみよう。実践的援助は経済的援助と異なり時間を費やさなければならないので，特定の子どもへの集中が予想される。

■ 子どもの家事・育児を手伝わない日本の男性

　図 7-45 は，回答者から特定の子ども（もっともよく接する 18 歳以上の子ども）への実践的な援助の頻度を示している。親の立場からみた場合の Sec. 7.14（☞ 83 頁）と対応しており，分布の形がよく似ているが，よく接する子どもに限定しているため，国・地域の違いがよりはっきりと現れている。頻繁に子どもの家事・育児を手伝っているのは台湾であり，3 割近い人々が「非常に頻繁に」援助をしている。年齢による違いを調べてみると，若い人々ほど援助をよくしている傾向がみられるものの，Sec. 7.14 のような顕著な傾きではない（図 7-46）。親は，いくぶん歳をとってもいろいろな子どもの家事や育児を助け続けているようである。男女別にみると，いずれの国・地域でも男性（父親）の値の方が低いが，特に日本の男性は，子どもの家事・育児をほとんど手伝っていない（図 7-47）。一方，女性（母親）に限れば，日本人は台湾人や韓国人と同じ程度頻繁に子どもを援助している。

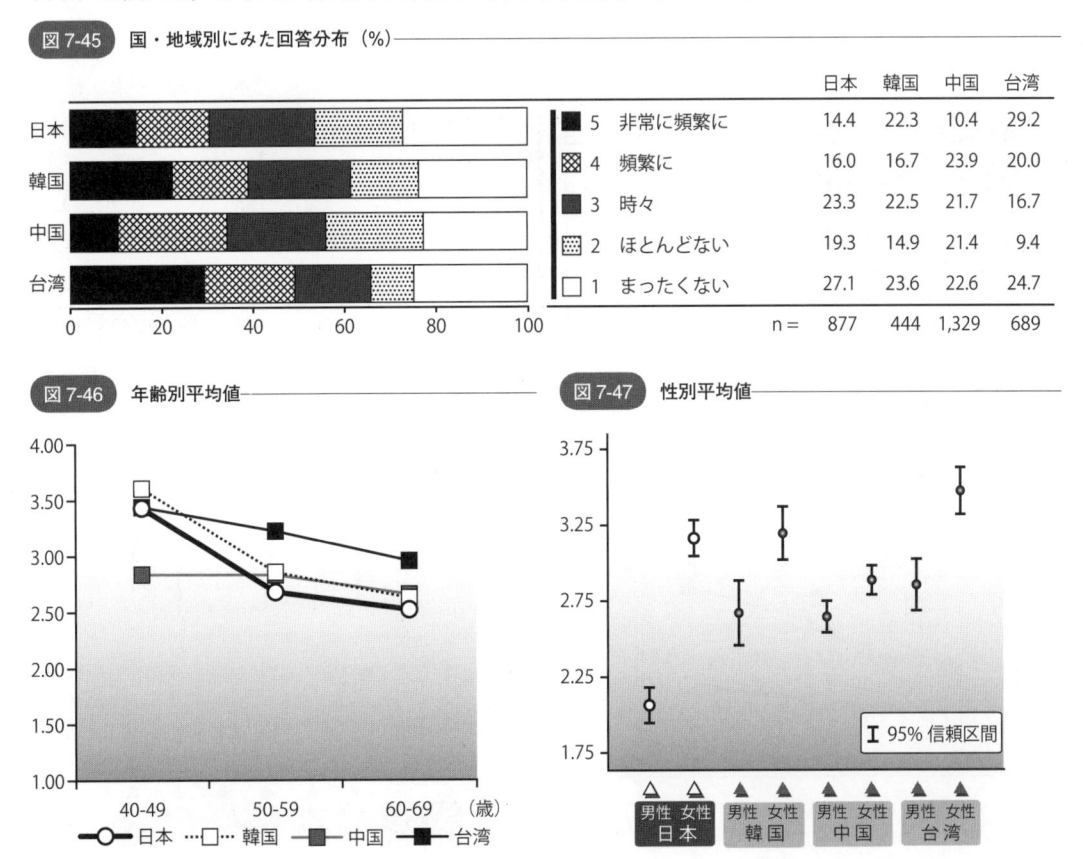

図 7-45 国・地域別にみた回答分布（%）

	日本	韓国	中国	台湾
5 非常に頻繁に	14.4	22.3	10.4	29.2
4 頻繁に	16.0	16.7	23.9	20.0
3 時々	23.3	22.5	21.7	16.7
2 ほとんどない	19.3	14.9	21.4	9.4
1 まったくない	27.1	23.6	22.6	24.7
n =	877	444	1,329	689

図 7-46 年齢別平均値

図 7-47 性別平均値

7.18 過去1年間に，あなたがもっともよく接している子どもはあなたへ，経済的な支援をどの程度しましたか

　Sec. 7.16～7.17（☞ 86-87 頁）では，回答者から成人した子どもへの援助について調べた。逆に，成人した子どもから援助を受けることは，どの程度あるのか。経済的な援助から順に，同じように調べてみよう。

■ 老いても金銭を受け取らない日本の親

　図 7-48 は，回答者が特定の子ども（もっともよく接する 18 歳以上の子ども）から受ける経済的な援助の頻度を示している。子どもの立場からみた Sec. 7.11（☞ 80 頁）と同じやりとりを調べていることになり，4つの国・地域の特徴をほぼ同様に読みとることができる。ただし，親の立場から，より若い親子を調べていることになるので，全体的に援助を受けている頻度は低めである。日本では子どもから経済的援助を受けることがもっとも少なく，台湾では援助を受けない場合も多い一方で，頻繁な援助の割合が高い。年齢による違いを調べると，韓・中・台では，加齢とともに援助を受けることが増えているのに対して，日本ではほとんど変化がない（図 7-49）。日本の親は，少なくとも 60 代程度では子どもからの経済的援助をあまり必要としていないようである。男女別では，どの国・地域でも共通して，女性（母親）の方が経済的援助を受けることがやや多い（図 7-50）。

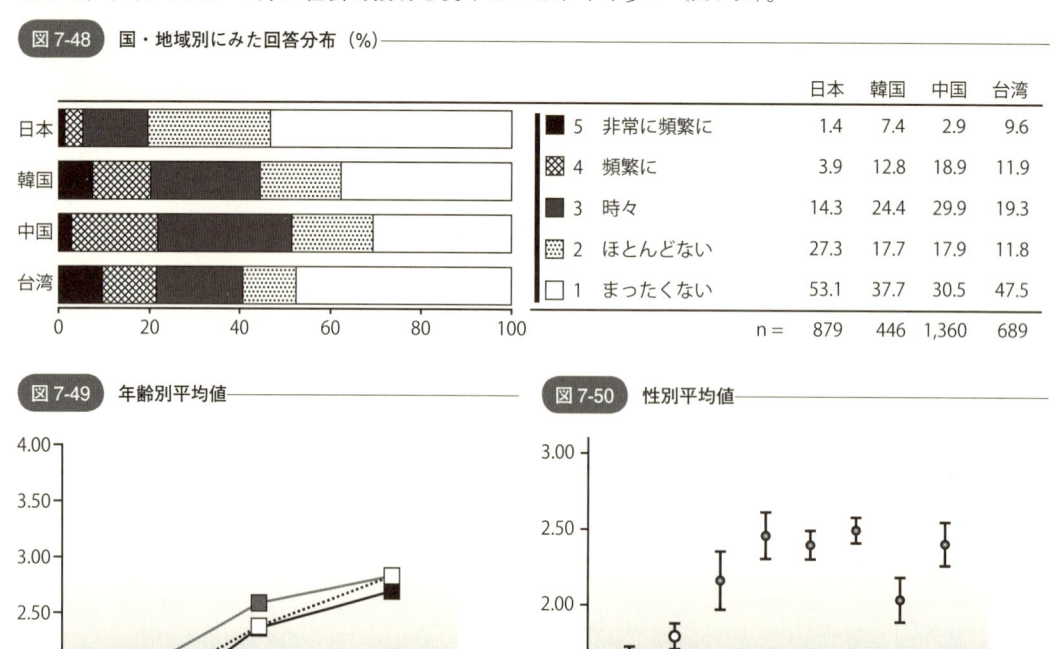

図 7-48 国・地域別にみた回答分布（％）

	日本	韓国	中国	台湾
5 非常に頻繁に	1.4	7.4	2.9	9.6
4 頻繁に	3.9	12.8	18.9	11.9
3 時々	14.3	24.4	29.9	19.3
2 ほとんどない	27.3	17.7	17.9	11.8
1 まったくない	53.1	37.7	30.5	47.5
n =	879	446	1,360	689

図 7-49 年齢別平均値

図 7-50 性別平均値

7.19 過去1年間に，あなたがもっともよく接している子どもはあなたへ，家事や介護の支援をどの程度しましたか

　Sec. 7.18 では，回答者が成人した子どもから受ける経済的援助について調べた。同じように，子どもから受ける実践的な援助についても調べてみよう。実践的な援助には家事や介護が含まれる。

■ 親からみた援助，子からみた援助

　図7-51は，回答者が特定の子ども（もっともよく接する18歳以上の子ども）から受ける実践的な援助の頻度を示している。同じやりとりを子どもの立場からみたものが Sec. 7.12（☞81頁）にあたる。どちらの立場からみた場合でも，援助の頻度は極めてよく似た分布を示しており，日本ではやや援助を受けることが少ないものの，経済的な援助に比べれば，他の国・地域との差は小さい。親の立場からより若い親子を調べているにもかかわらず Sec. 7.12 との対応がよいのは，経済的な援助と異なって，親の加齢にともなう変化がほとんどない（図7-52）ためだろう。ここまで，親子の援助のやりとりを，子どもの立場（Sec. 7.11 ～ 7.14 ☞80-83頁）と親の立場（Sec. 7.16 ～ 7.19 ☞86-89頁）の両方から調べた。援助の頻度は回答者の主観を通した評価であるが，親からみた場合も，子どもからみた場合も，全体的に対応のよい結果が示されており，客観的な状態をよく反映していると予想できる。

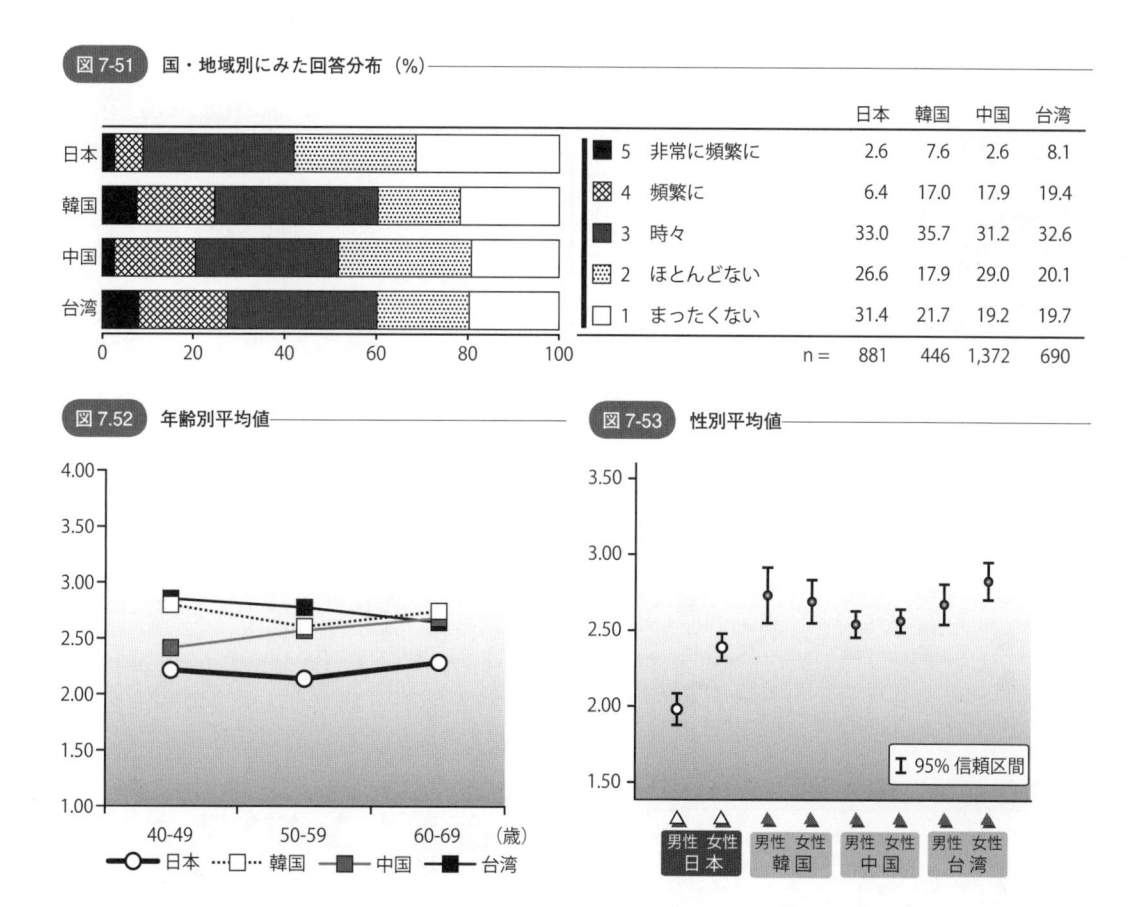

図 7-51 国・地域別にみた回答分布（%）

	日本	韓国	中国	台湾
5 非常に頻繁に	2.6	7.6	2.6	8.1
4 頻繁に	6.4	17.0	17.9	19.4
3 時々	33.0	35.7	31.2	32.6
2 ほとんどない	26.6	17.9	29.0	20.1
1 まったくない	31.4	21.7	19.2	19.7
n =	881	446	1,372	690

図 7.52 年齢別平均値

図 7-53 性別平均値

7.20 過去1年間に,あなたは配偶者の親へ,経済的な支援をどの程度しましたか

　結婚した人々は,自分の親に加えて結婚相手の親との間で日常的にやりとりをする。Sec. 7.20～7.23 では,東アジアの人々が,配偶者の親との間で行なう援助の頻度を調べる。親への経済的援助から順番に,自身の親の場合(Sec. 7.11～7.14 ☞ 80-83 頁)との違いをみてみよう。

■ 夫の親を優先する韓・台

　図 7-54 は,回答者から配偶者の親への経済的な援助の頻度を示している。結婚していない人々や配偶者の両親がすでにいない人々は集計から除いている。自身の親の場合(Sec. 7.11)と異なり,結婚していない人々が含まれないことには注意しなければならない(Sec. 7.21～7.23 でも同様)。日本では,配偶者の親を援助する頻度がとりわけ低く,まったく援助をしない人々が半数を占める。また,日本と台湾では,自身の親への援助(Sec.7.11)と比べて配偶者の親への援助が少ない傾向がみられる。韓国と中国ではあまり違いがない。年齢による違いを調べると,緩やかであるが,高齢になると援助をよくする傾向がみられる(図 7-55)。なお,60 代は親が存命の人々が少ないので,誤差が大きい(Sec.7.21～7.23 でも同様)。男女の違いは韓国と台湾で顕著で,女性の配偶者の親(つまり夫の親)が優先的に支援されている(図 7-56)。これは,規範意識の面(Sec. 7.7～7.8 ☞ 76-77 頁)ではみられなかった特徴である。

図 7-54 国・地域別にみた回答分布(%)

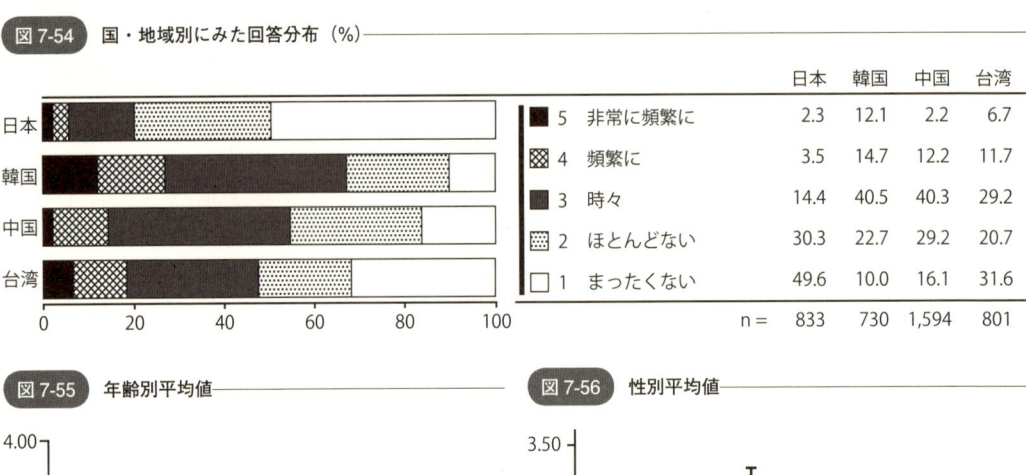

	日本	韓国	中国	台湾
5 非常に頻繁に	2.3	12.1	2.2	6.7
4 頻繁に	3.5	14.7	12.2	11.7
3 時々	14.4	40.5	40.3	29.2
2 ほとんどない	30.3	22.7	29.2	20.7
1 まったくない	49.6	10.0	16.1	31.6
n =	833	730	1,594	801

図 7-55 年齢別平均値

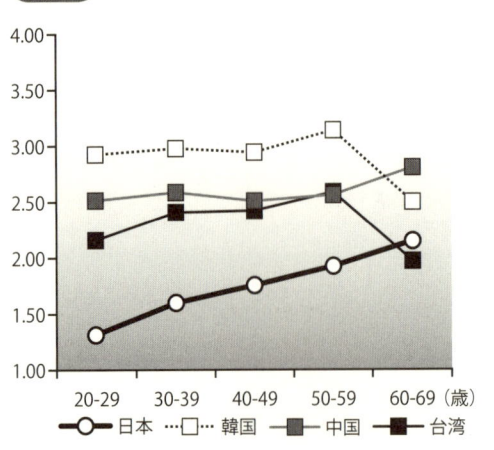

図 7-56 性別平均値

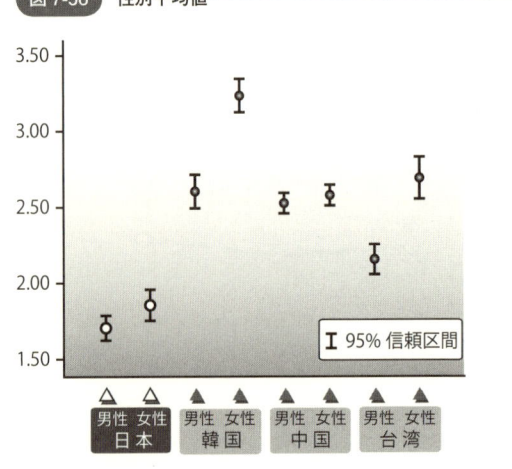

7.21 過去1年間に,あなたは配偶者の親へ,家事や介護の支援をどの程度しましたか

　Sec. 7.20 では,配偶者の親への経済的援助の頻度を調べた。同じように,配偶者の親への実践的援助についても調べてみよう。実践的援助には家事や介護が含まれ,自身の親と配偶者の親の間で,それぞれに費やす時間を配分しなければならない。

■ 自分の親の世話しかしない東アジアの男性

　図7-57は,回答者から配偶者の親への実践的な援助の頻度を示している。経済的援助の場合(Sec. 7.20)と同じように,日本の援助の頻度がもっとも低いが,他の国・地域との差は経済的援助に比べれば小さい。自身の親への実践的援助(Sec. 7.12 ☞ 81頁)と比べると,いずれの国・地域でも配偶者の親への援助の方が少ない傾向がある。年齢による違いはあまり大きくないが(図7-58),性別による違いは甚大である。どの国・地域でも,女性による夫の親への援助が,男性による妻の親への援助を大きく上回っている(図7-59)。自身の親への援助の場合(Sec. 7.12)には,男女の違いはみられないので,これはただ男性が家事をしないという話ではない。見方を変えると,女性が夫の親に対して行なう援助の平均値は,女性が自身の親に対して行なう援助の平均値とほぼ一致し,女性は2つの親を同じ程度に助けている。これに対して,男性は自身の親の世話しかしていないといえる。

図 7-57 国・地域別にみた回答分布 (%)

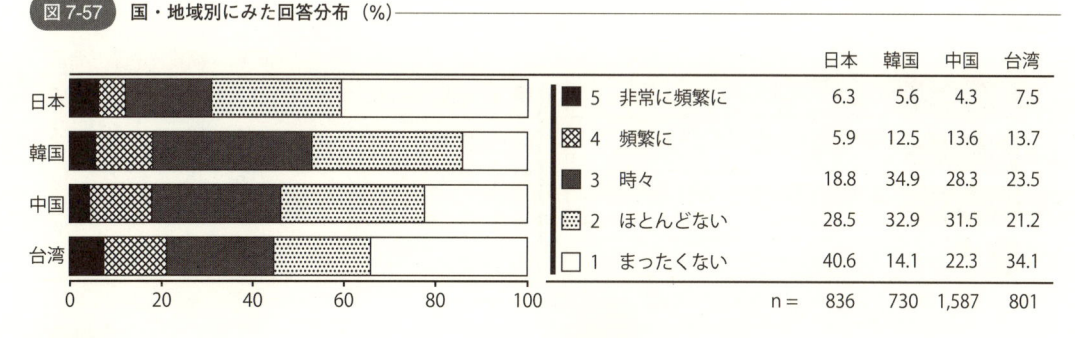

	日本	韓国	中国	台湾
5 非常に頻繁に	6.3	5.6	4.3	7.5
4 頻繁に	5.9	12.5	13.6	13.7
3 時々	18.8	34.9	28.3	23.5
2 ほとんどない	28.5	32.9	31.5	21.2
1 まったくない	40.6	14.1	22.3	34.1
n =	836	730	1,587	801

図 7-58 年齢別平均値

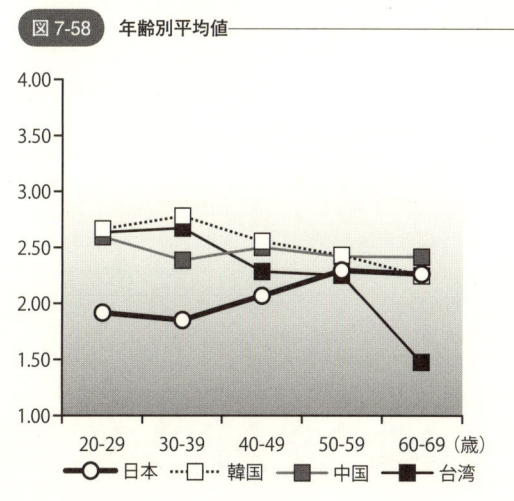

図 7-59 性別平均値

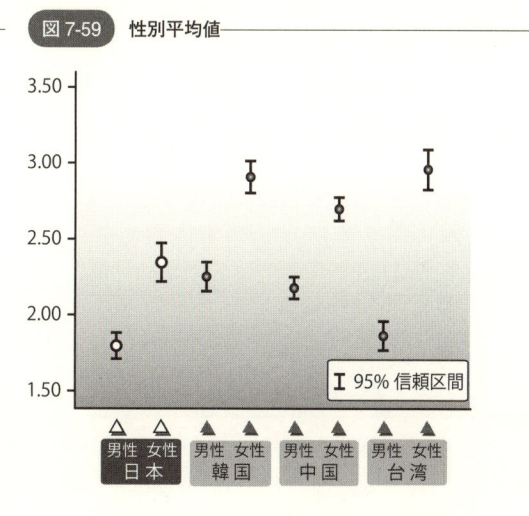

7.22 過去1年間に,配偶者の親はあなたへ,経済的な支援をどの程度しましたか

　Sec. 7.20〜7.21（☞90-91頁）では配偶者の親への援助を調べたが,逆に配偶者の親から援助を受けることはどの程度あるのだろうか。経済的援助から順に調べてみよう。

■ 配偶者の親から金銭は受けとらない台湾人

　図7-60は,回答者が配偶者の親から受けている経済的な援助の頻度を示している。いずれの国・地域でも配偶者の親から頻繁な援助を受けることはないようであるが,特に台湾ではほとんどない。自身の親の場合（Sec. 7.13 ☞ 82頁）と比べると,いずれの国・地域でも配偶者の親から受ける援助の方が大幅に少ない。ただし,この差は結婚していない人々を集計に含むかどうかによる違いが大きい。年齢別の平均値（図7-61）で,既婚者が大半を占める40代以降に注目すると,日・韓・中では,配偶者の親から受ける援助も自身の親から受ける援助もほとんど頻度が変わらない。台湾だけは,それでも配偶者の親から受ける援助の方が少なく,特殊な傾向をもっているようである。男女別の集計をみると,特に台湾人男性の値が低く,台湾人が妻の親から金銭を受けとることは,ほとんどありえないことがわかる（図7-62）。

図7-60 国・地域別にみた回答分布（％）

	日本	韓国	中国	台湾
5 非常に頻繁に	1.2	2.1	0.7	0.5
4 頻繁に	4.0	5.5	4.5	1.5
3 時々	21.6	16.7	14.2	4.7
2 ほとんどない	27.5	33.3	23.7	8.5
1 まったくない	45.7	42.5	56.8	84.8
n =	833	730	1,586	801

図7-61 年齢別平均値

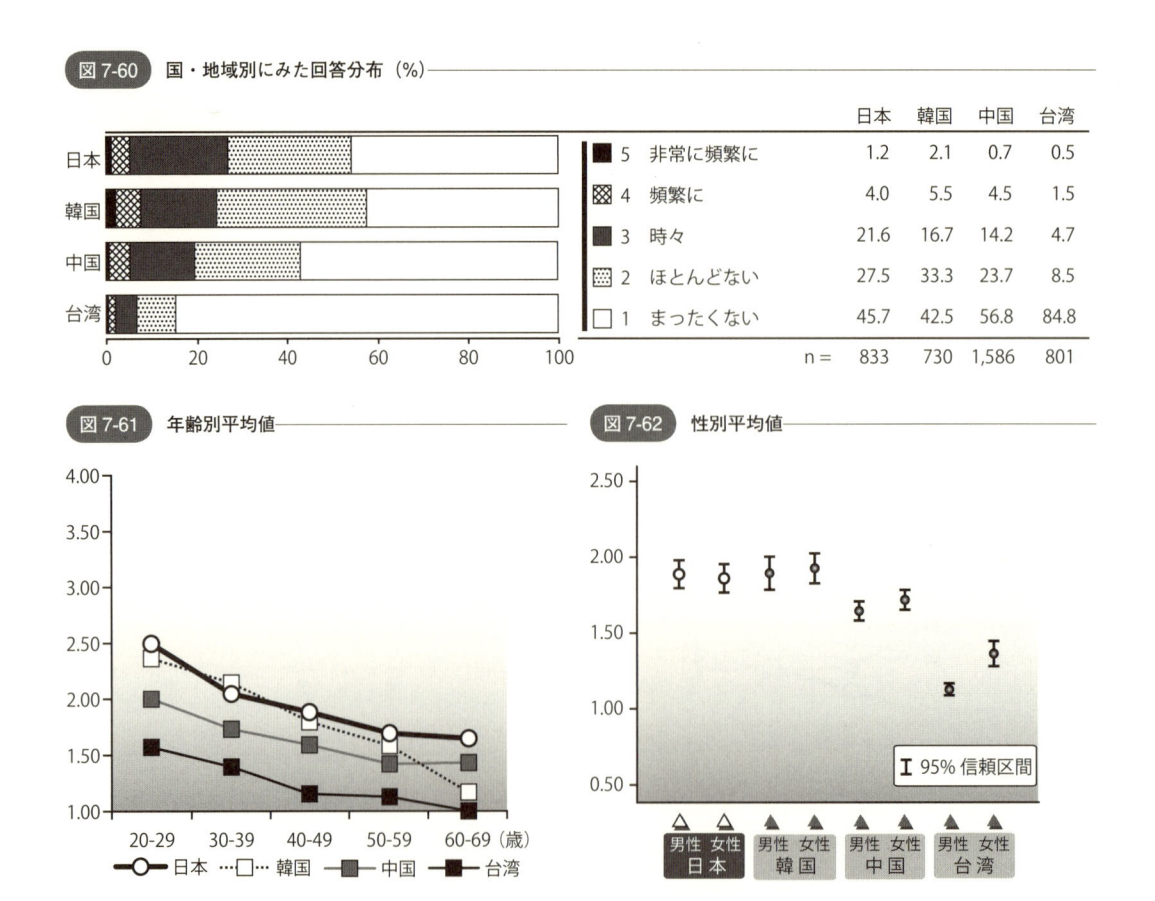

図7-62 性別平均値

7.23 過去1年間に，配偶者の親はあなたへ，家事や育児の支援をどの程度しましたか

　Sec. 7.22 では，配偶者の親から受ける経済的援助の頻度を調べた。次に，実践的援助についても調べてみよう。夫や妻の親に家事や育児を手伝ってもらうことは，どの程度あるのだろうか。

■ 妻の親と疎遠な東アジアの男性

　図 7-63 は，回答者が配偶者の親から受けている実践的な援助の頻度を示している。どの国・地域でも，経済的援助（Sec. 7.22）と比べて実践的援助の方が頻度が高いが，あまり頻繁な援助は受けていない。また，自身の親から受けている実践的援助（Sec. 7.14 ☞ 83 頁）と比べると，やはりどの国・地域でも頻度が低い。加齢にしたがって援助が減る傾向は，すべての国・地域に共通である（図 7-64）。男女による違いを調べると，台湾でその差が大きいことがわかる（図 7-65）。台湾の男性が妻の親から援助を受けることは少ないが，台湾の女性が夫の親から援助を受けることは，他の国・地域と同程度にある。

　自身の親の場合（Sec. 7.11 ～ 7.14 ☞ 80-83 頁）と比べて，配偶者の親の場合（Sec. 7.20 ～ 7.23 ☞ 90-93 頁）に援助のやりとりがどう違ったかまとめよう。親に援助をする場合も，親から援助を受ける場合も，全体的に配偶者の親とのやりとりは，自身の親とのやりとりよりも少ない。女性よりも男性にその傾向は強く，妻の親との関係は疎遠になりがちなようである。

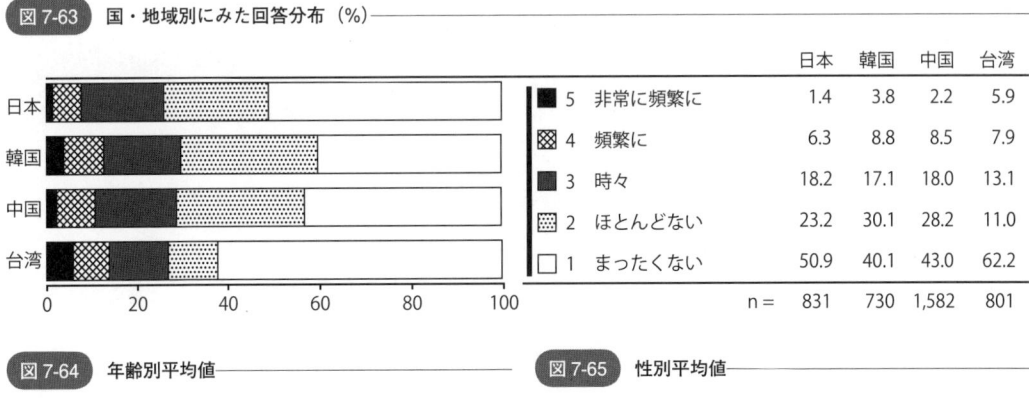

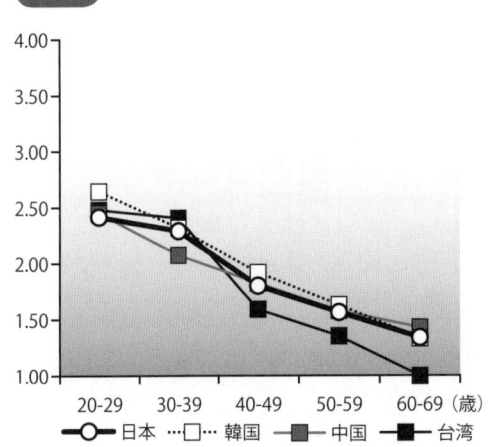

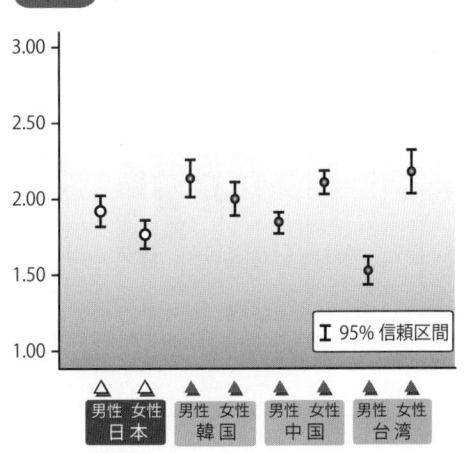

図 7-63 国・地域別にみた回答分布（%）

	日本	韓国	中国	台湾
5 非常に頻繁に	1.4	3.8	2.2	5.9
4 頻繁に	6.3	8.8	8.5	7.9
3 時々	18.2	17.1	18.0	13.1
2 ほとんどない	23.2	30.1	28.2	11.0
1 まったくない	50.9	40.1	43.0	62.2
n =	831	730	1,582	801

図 7-64 年齢別平均値

図 7-65 性別平均値

7.24　配偶者の親との援助関係ときょうだい順位

　Sec. 7.20～7.23（☞ 90-93頁）では，配偶者の親との間の援助のやりとりについて調べてきた。Sec. 7.15（☞ 84頁）と同じように，配偶者の親との間の援助についても，きょうだい順位の影響がないかどうか調べてみよう。長男や長女であることによって配偶者の親との関係が疎遠になるようなことがあるのだろうか。

■　きょうだい順位は配偶者の親との関係にほとんど影響しない

　図7-66～7-69は，順番に「配偶者の親への経済的援助」「配偶者の親への実践的援助」「配偶者の親からの経済的援助」「配偶者の親からの実践的援助」の頻度を，きょうだい順位別に示している。現在結婚していない人々は対象から除かれているので，自身の親との援助のやりとりについて調べたSec. 7.15とは分析対象の範囲が異なる。配偶者の親への経済的援助（図7-66）については，韓国と台湾で女性が夫の親をよく援助をするという特徴をすでに調べている（Sec. 7.20, 図7-56 ☞ 90頁）が，男女差以外のきょうだい順位による違いはみられない。実践的援助（図7-67）についても，男性は妻の親をあまり援助しないという特徴（Sec. 7.21, 図7-59 ☞ 91頁）しかみられない。配偶者の親からの援助（図7-68, 図7-69）についても同様であり，すでに調べたとおり台湾で大きな男女差がみられるのみで（Sec. 7.22～23 ☞ 92-93頁），同じ性別のなかで長男・長女と次男・次女以下との違いはみられない。現在の東アジアでは，きょうだい順位によって配偶者の親との援助のやりとりが変わることは，ほとんどないようである。

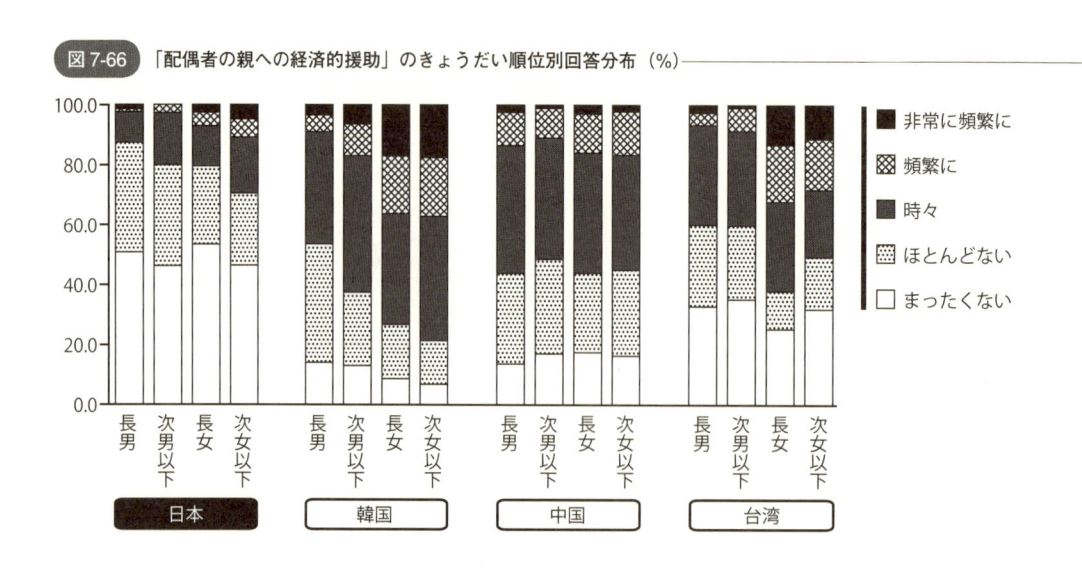

図7-66　「配偶者の親への経済的援助」のきょうだい順位別回答分布（%）

図 7-67 「配偶者の親への実践的援助」のきょうだい順位別回答分布（％）

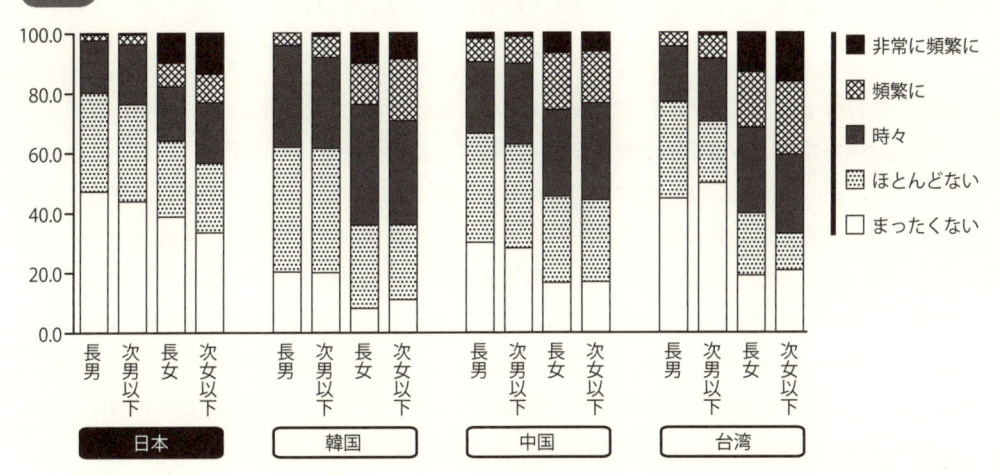

凡例：非常に頻繁に／頻繁に／時々／ほとんどない／まったくない

日本・韓国・中国・台湾（長男／次男以下／長女／次女以下）

図 7-68 「配偶者の親からの経済的援助」のきょうだい順位別回答分布（％）

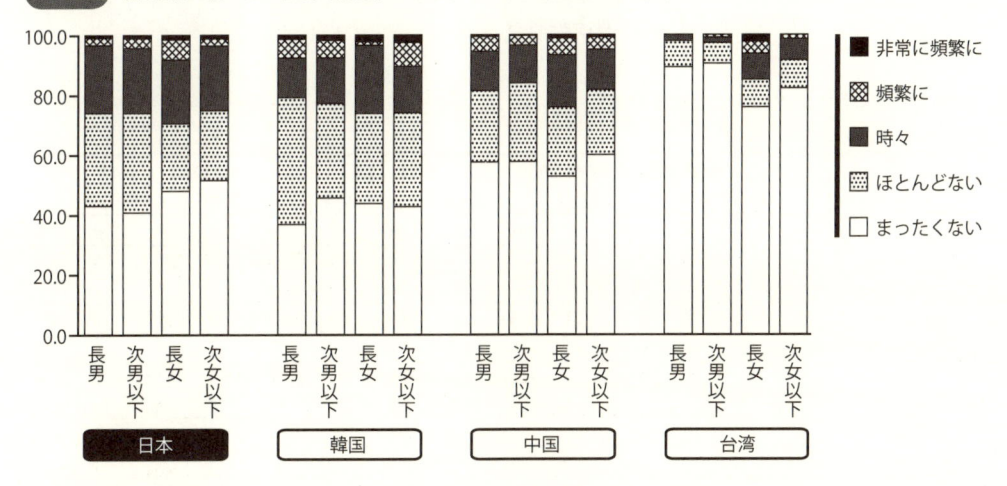

凡例：非常に頻繁に／頻繁に／時々／ほとんどない／まったくない

日本・韓国・中国・台湾（長男／次男以下／長女／次女以下）

図 7-69 「配偶者の親からの実践的援助」のきょうだい順位別回答分布（％）

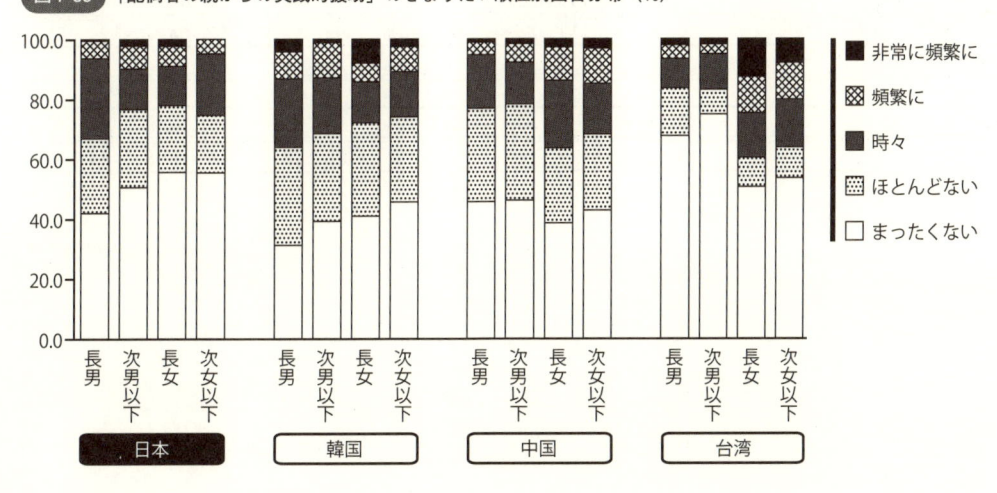

凡例：非常に頻繁に／頻繁に／時々／ほとんどない／まったくない

日本・韓国・中国・台湾（長男／次男以下／長女／次女以下）

コラム1　「どちらともいえない」の多い日本人

　国際比較調査を行なう場合，文化的に異質な国や地域を比較するために，調査票に用いる質問文や選択肢の言葉の意味が等価であることが求められる。特に，主観的な意識の測定は，客観的な属性や行動の測定よりも，質問文や選択肢の微妙な言い回しに影響されやすく，国際比較調査で争点になりやすい。また，言葉の意味を等価にするだけではなく，それぞれの国や地域特有の回答パターンを考慮する必要がある。たとえば，日本人は賛否を明確に表明する回答を好まず，選択肢のなかに「どちらともいえない」といった中心点を設けると，回答がそこに集中する傾向があることが知られている（林・林, 1995）。このような「どちらともいえない」といった中心点への回答の集中は，データ分析の解釈を難しくするので，好ましくないといわれている（大谷ほか, 1999）。その結果，日本における調査では，中心点を設けないスケールが好ましいスケールであると考えられ（岩井, 2003; 杉田・岩井, 2003），政府による世論調査および研究機関による社会調査のいずれにおいても，中心点のない4点尺度が一般的に使用されている。しかし，この傾向は，日本人の回答パターンを考慮した方策であり，国際比較調査の場合には，この方策が通用しない場合がある。

表1　国際比較調査における意識項目の選択肢の特徴

		ISSP-2002 設問数	%	WVS-2000 設問数	%	EAVS-2002 設問数	%	EABS-2003 設問数	%	AB-2003 設問数	%	JGSS-2001 設問数	%
2点尺度	+/-	0	0%	33	24%	23	32%	3	3%	3	3%	4	4%
3点尺度	+/-/--(++/+/-)	5	14%	3	2%	8	11%	1	1%	9	10%	19	17%
	+/±/-	0	0%	12	9%	5	7%	0	0%	1	1%	16	15%
4点尺度	++/+/-/--	0	0%	53	38%	23	32%	68	67%	35	38%	33	30%
	+++/++/+/- (---/--/-/+)	0	0%	1	1%	3	4%	2	2%	0	0%	0	0%
5点尺度	++/+/±/-/--	26	74%	17	12%	3	4%	22	22%	44	48%	22	20%
	+・・・・・・-	0	0%	0	0%	0	0%	0	0%	0	0%	14	13%
7点尺度	+++/++/+/±/-/--/---	3	9%	0	0%	0	0%	0	0%	0	0%	0	0%
	+・・・・・・・・-	0	0%	0	0%	7	10%	0	0%	0	0%	1	1%
10点尺度	+・・・・・・・・・・-	1	3%	20	14%	0	0%	5	5%	0	0%	1	1%
11点尺度	+・・・・・・・・・・・-	0	0%	0	0%	0	0%	1	1%	0	0%	0	0%
	全体	35	100%	139	100%	72	100%	102	100%	92	100%	110	100%
全ての選択肢にラベルをつけた尺度		34	97%	119	86%	65	90%	96	94%	92	100%	94	85%
両端の選択肢にのみラベルをつけた尺度		1	3%	20	14%	7	10%	6	6%	0	0%	16	15%
左右非対称の一極尺度		5	14%	4	3%	11	15%	3	3%	9	10%	19	17%
左右対称の二極尺度		30	86%	135	97%	61	85%	99	97%	83	90%	91	83%
中心点のある尺度		29	83%	29	21%	15	21%	23	23%	45	49%	53	48%

いくつかの国際比較調査の調査票から人々の主観的な意識を尋ねる意識項目に用いられるスケールの種類を数え上げたのが表1である。表1では，代表的な国際比較調査である World Values Survey（WVS）と International Social Survey Programme（ISSP）のほかに，アジアの国や地域に調査対象国を限定した East Asia Value Survey（EAVS），East Asia Barometer Survey（EABS），AsiaBarometer（AB），そして JGSS を例に挙げている。表1では，それぞれの尺度で用いられている選択肢の数と方向性を記号で表している。＋は肯定的な選択肢を表し，－は否定的な選択肢を表し，±は中心点を意味する。選択肢の強度は，＋や－の数で表現している。たとえば「＋／－」は「賛成／反対」または「はい／いいえ」などを表し，「＋＋／＋／±／－／－－」は，「強く賛成／賛成／どちらともいえない／反対／強く反対」または「非常に重要／重要／どちらともいえない／重要でない／全く重要でない」などを表す。「＋‥‥‥‥－」は，両端にしかラベルのない数字表記のスケール（numerical scale）であり，選択肢の数を点の数で表している。選択肢の数が奇数の場合は中心点があり，偶数の場合には中心点はない。

全体に共通する特徴としては，(1) 各選択肢にラベルを付したスケール（verbal scale）が多いこと，(2) 二極対称のスケール（bipolar scale）が高い割合を占めること，(3) 5点より多い数の選択肢をもつ尺度は少ないこと，である。例に挙げた6つの調査で大きく異なる点は，中心点を入れるかどうかという点である。欧米諸国を中心とした ISSP では，中心点をもつ5点尺度の使用頻度が極めて高い。一方，さまざまな異質な文化圏を網羅している WVS では，中心点のない2点尺度や4点尺度の割合が高い。EAVS をはじめアジアに限定した調査では，中心点のないスケールが比較的大きな割合を占めているようである。

EASS を実施する際にも，意識項目のスケールをどのように設定すべきかが大きな問題になった。日本チームは中心点のない左右対称の4点尺度の使用を主張したが，他のチームは中心点を含んだ左右対称の5点尺度を用いるべきだと主張した。国際比較調査の場合は，中心点のある左右対称のスケールの方が，対象者が自分自身の態度を位置づけしやすいとの意見があり（Smith, 1997），中心点のある尺度に統一するようにした。しかし，先述したように，日本の回答者は中心点があるとそこに回答してしまう傾向がある。日本チームでは，他の国や地域と比較する観点から，この傾向を多少とも軽減するためにプリテストを実施し，スケールの検討を行なった。

図1がその結果である。EASSの18の意識調査項目を平均化して表している。同じ質問文に対して，4種類の異なる選択肢を設定し，無作為に抽出された4つのグループの対象者に回答してもらっている。中心点のある5点尺度と7点尺度を比較すると，5点尺度の場合に，中心点への回答が増加する傾向がうかがわれる。「どちらかといえば賛成（反対）」といった程度の弱い選択肢を組み込んだ7点尺度では，中心点への回答はいくぶん減少する。本書の意識項目では7点尺度が多く採用されており，不思議に思った読者がいるかもしれない。このコラムを読めば，なぜ7点尺度にしているのかの理由がわかるであろう。

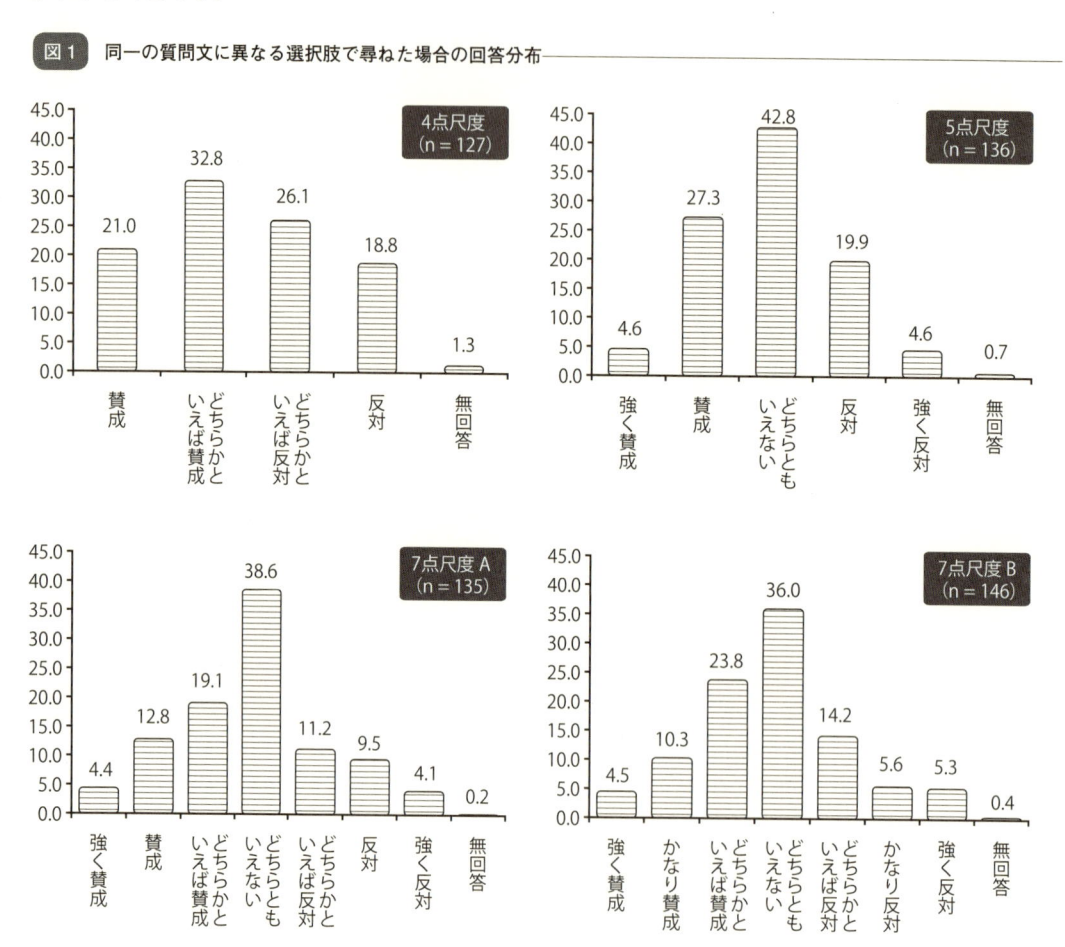

図1　同一の質問文に異なる選択肢で尋ねた場合の回答分布

4点尺度 (n = 127)
- 賛成: 21.0
- どちらかといえば賛成: 32.8
- どちらかといえば反対: 26.1
- 反対: 18.8
- 無回答: 1.3

5点尺度 (n = 136)
- 強く賛成: 4.6
- 賛成: 27.3
- どちらともいえない: 42.8
- 反対: 19.9
- 強く反対: 4.6
- 無回答: 0.7

7点尺度 A (n = 135)
- 強く賛成: 4.4
- 賛成: 12.8
- どちらかといえば賛成: 19.1
- どちらともいえない: 38.6
- どちらかといえば反対: 11.2
- 反対: 9.5
- 強く反対: 4.1
- 無回答: 0.2

7点尺度 B (n = 146)
- 強く賛成: 4.5
- かなり賛成: 10.3
- どちらかといえば賛成: 23.8
- どちらともいえない: 36.0
- どちらかといえば反対: 14.2
- かなり反対: 5.6
- 強く反対: 5.3
- 無回答: 0.4

コラム2　国際調査における翻訳の工夫

　国際比較調査を行なう時に，もっとも注意しなければならないのは，翻訳である。多くの国際比較調査では，英語で作成された原文調査票 (source language questionnaire) から，それぞれの国や地域の言語に翻訳した訳文調査票 (target language questionnaire) を作成して実査を行なっている。この翻訳を適切に行なわなければ，それぞれの国や地域で異なる概念を比較していることになってしまい，国際比較調査の前提が崩れてしまう。

　このコラムでは，代表的な国際比較調査である World Values Survey (WVS) と International Social Survey Programme (ISSP) を事例に，人々の主観的な態度を問う意識項目の選択肢の翻訳問題について考えてみたい。図2は，WVSとISSPの両方で尋ねられた同一の質問文（"A working mother can establish just as warm and secure a relationship with her children as a mother who does not work"）について，日本を含む6つの国や地域の回答分布を示したものである。WVSでは，この質問に対して，Strongly agree/Agree/Neither agree nor disagree/Disagree/Strongly disagree の5点尺度で尋ねており，ISSPでは Strongly agree/Agree/Disagree/Strongly disagree の4点尺度で尋ねている。同じ質問にもかかわらず，日本やスウェーデンでは2つの調査間で回答分布が大きく異なっている。特に日本の回答分布の違いが際立っている。ISSPでは Strongly agree への回答が6つの国や地域のなかでもっとも多いのに対して，WVSでは逆にもっとも少ない。なぜこのような異なる回答分布が生じたのであろうか？

　回答分布が異なる理由には，社会調査を行なう上でのいくつかの方法論的問題が考えられる。第1に，調査方法の違いが考えられる。それぞれの国や地域の調査方法を調べると，ISSP-2002では，日本が郵送法で，日本以外の5つの国や地域では面接法である。WVS-2000では，日本・台湾・フィリピンは面接法で，アメリカは留置法，フランスでは電話調査法，スウェーデンでは郵送法と電話調査法の併用法である。このような調査間による調査方法の違いが，回答分布に影響を与えたと考えることができる。しかし，たとえば日本やスウェーデンのように面接法の方が郵送法よりも極端な回答になるとは考えにくいため，調査方法の違いは重大な影響を与えているとは思えない。第2に，回収率の違いも考えられる。しかし，それぞれの調査では一定の回収率を確保しているため，回収率の違いが回答分布に大きな影響を与えているとも思えない。第3に，前の質問が後の質問に影響を与えてしまうというキャリー・オーバー効果も考えられるが，意図的に調査項目を設計しなければ，キャリー・オーバー効果はかからないのが普通である。第4に，調査した年度の違いも考えられるが，2年間の間に，人々の意識がドラスティックに変化するとも考えにくい。

図2 6つの国・地域の回答分布

ISSP-2002

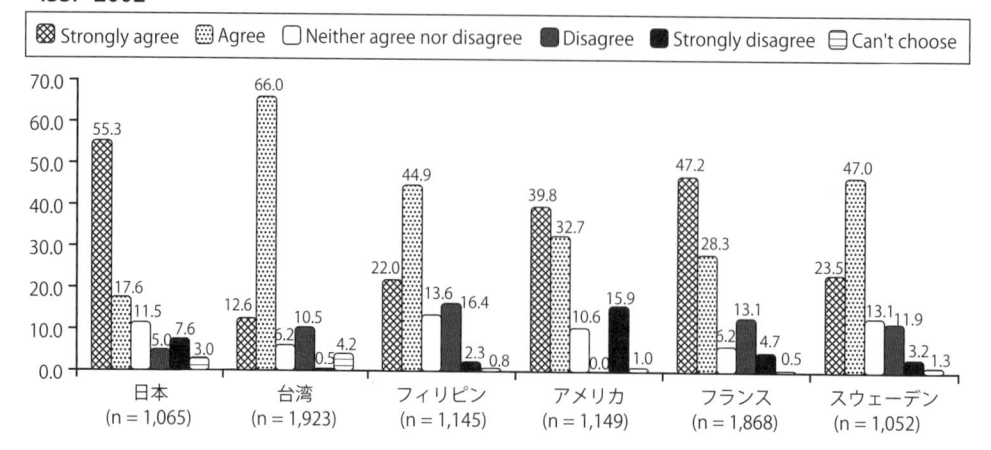

Strongly agree / Agree / Neither agree nor disagree / Disagree / Strongly disagree / Can't choose

	日本 (n=1,065)	台湾 (n=1,923)	フィリピン (n=1,145)	アメリカ (n=1,149)	フランス (n=1,868)	スウェーデン (n=1,052)
Strongly agree	55.3	12.6	22.0	39.8	47.2	23.5
Agree	17.6	66.0	44.9	32.7	28.3	47.0
Neither agree nor disagree	11.5	6.2	13.6	10.6	5.2	13.1
Disagree	5.0	10.5	16.4	0.0	13.1	11.9
Strongly disagree	7.6	0.5	2.3	15.9	4.7	3.2
Can't choose	3.0	4.2	0.8	1.0	0.5	1.3

WVS-2000

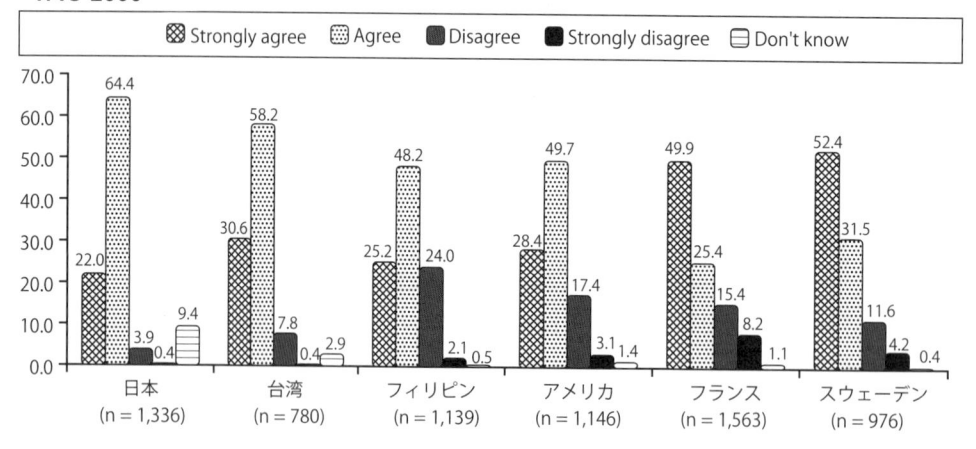

Strongly agree / Agree / Disagree / Strongly disagree / Don't know

	日本 (n=1,336)	台湾 (n=780)	フィリピン (n=1,139)	アメリカ (n=1,146)	フランス (n=1,563)	スウェーデン (n=976)
Strongly agree	22.0	30.6	25.2	28.4	49.9	52.4
Agree	64.4	58.2	48.2	49.7	25.4	31.5
Disagree	3.9	7.8	24.0	17.4	15.4	11.6
Strongly disagree	0.4	0.4	2.1	3.1	8.2	4.2
Don't know	9.4	2.9	0.5	1.4	1.1	0.4

したがって，最後に残るのは，選択肢の翻訳の問題である。この6つの国や地域で用いられた訳文調査票（target language questionnaire）を調べると，2つの調査で異なる翻訳を行なっている国が多くみられた。表2は，それぞれの国や地域で実際に用いられた選択肢の訳語である。2つの調査で大きく回答分布が異なる日本を例にとると，ISSPでは，Strongly agreeを「そう思う」と訳し，Agreeを「どちらかといえばそう思う」と訳している。WVSでは，Strongly agreeを「強く賛成」と訳し，Agreeを「賛成」と訳している。ISSPの日本の回答分布において，Strongly agreeに多くの回答が集中しているのは，程度の強い賛成度を示すStrongly agreeを中程度の賛成度を示す「そう思う」と翻訳しているためだと考えられる。国際比較調査では，このような細かな翻訳の問題が，重大な結果の違いを招く場合がある。国際比較調査を分析する読者の方は，是非，原文調査票（source language questionnaire）だけではなく，実際に各国・地域で使用された訳文調査票（target language questionnaire）を調べ，適切な翻訳が行なわれているかどうかをチェックしてほしい。

表2 6つの国・地域の選択肢の訳語

	日本	台湾	フィリピン
ISSP	1 そう思う	1 非常同意	1 Lubos na sang-ayon
	2 どちらかといえばそう思う	2 同意	2 Sang-ayon
	3 どちらともいえない	3 無意見	3 Hindai tiyak
	4 どちらかといえばそう思わない	4 不同意	4 Hindai sang-ayon
	5 そう思わない	5 非常不同意	5 Lubos na hindai sang-ayon
WVS	1 強く賛成	1 非常賛成	1 Talagang sumasang-ayon
	2 賛成	2 賛成	2 Sumasang-ayon
	3 反対	3 不賛成	3 Di sumasang-ayon
	4 強く反対	4 非常不賛成	4 O talagang di sumasang-ayon

	アメリカ	フランス	スウェーデン
ISSP	1 Strongly Agree	1 Tout à fait d'accod	1 Instämmer starkt
	2 Agree	2 Plutôt d'accod	2 Instämmer
	3 Neither agree nor disagree	3 Ni d'accod ni pas d'accod	3 Varken instämmer eller tar avstånd
	4 Disagree	4 Plutôt pas d'accod	4 Tar avstånd
	5 Strongly Disagree	5 Pas du tout d'accod	5 Tar starkt avstånd
WVS	1 Agree strongly	1 Tout à fait d'accod	1 Instämmer Helt
	2 Agree	2 Plutôt d'accod	2 Instämmer Delvis
	3 Disagree	3 Plutôt pas d'accod	3 Tar avstånd Delvis
	4 Disagree strongly	4 Pas du tout d'accod	4 Tar avstånd Helt

＊WVSの台湾の調査票はないため，中国の調査票から引用

引用・参考文献

East Asian Social Survey Data Archive, 2008, *EASS-2006 "Families in East Asian" Codebook*, Sungkyunkwan University.

傅仰止・張晉芬（主編），2007,『台湾社会変遷基本調査計画　第五期第二次調査計画執行報告』中央研究院社会学研究所.

林知己夫・林文，1995,「国民性の国際比較」『統計数理』43-1：27-80.

岩井紀子，2003,「JGSSプロジェクト（2）調査方法と調査項目」『統計』11月号：48-55.

Kim, Sang-Wook, Dongwoo Ko, Chi-Young Koh, Seokho Kim, Jae-On Kim, Eun-Young Nam, Byoung-Jin Park, Jonghoe Yang, Kyung-Mee Lee, Jang-Young Lee, Jung-Jin Lee, Byung-Eun Chung, and Yoo-Jung Choi, 2007, *2006 Korean General Social Survey*, Sungkyunkwan University Press, Seoul, Korea. (in Korean)

大阪商業大学JGSS研究センター編，2009,『East Asian Social Survey: EASS 2006 Family Module Codebook』大阪商業大学JGSS研究センター.

大谷信介・木下栄二・後藤範章・小松洋・永野武，1999,『社会調査へのアプローチ―論理と方法―』ミネルヴァ書房.

Smith,Tom,W., 1997, "Improving Cross-National Survey Research by Measuring the Intensity of Response Categories", *GSS Cross-National Report, No.17*, National Opinion Research Center, University of Chicago.

杉田陽出・岩井紀子，2003,「JGSSプロジェクト（3）測定尺度と選択肢」『統計』12月号：49-56.

【Website】

China: Survey Research Center, Hong Kong University of Science and Technology, Kowloon, Hong Kong
　Department of Sociology, Renmin University of China, Beijing, China
　　http://www.chinagss.org/（Chinese General Social Survey）

Japan: JGSS Research Center, Osaka University of Commerce, Osaka, Japan
　　http://jgss.daishodai.ac.jp/（JGSS Research Center）

Korea: Survey Research Center, Sungkyunkwan University, Seoul, Korea
　　http://kgss.skku.edu（Korean General Social Survey）

Taiwan: Institute of Sociology, Academia Sinica, Taipei, Taiwan
　　http://survey.sinica.edu.tw/（Center for Survey Research, Academia Sinica）

East Asian Social Survey Data Archive
　　http://www.eass.info/

EASS 2006 調査票と本書のセクション番号との対応表

Sec. 番号	タイトル	EASS 2006 データセットにおける変数名	EASS 2006 調査票における設問の番号	JGSS I: 面接調査票 Sb: 留置調査票B	KGSS	TSCS	CGSS [H] Household [U] Urban [R] Rural 調査票
2.1	自分の幸福よりも，家族の幸福や利益を優先するべきだ	v219	19. [QV5] b	Sb-Q36-B	Q70.2)	F2 e	[H] F2-E
2.2	親の誇りとなるように，子どもは努力するべきだ	v214	18. [QV3] b	Sb-Q35-B	Q69.2)	F1 e	[H] F1-E
2.3	夫と妻の両方の親族が，妻の助けを必要としているときには，妻は夫の親族を優先して助けるべきだ	v218	19. [QV5] a	Sb-Q36-A	Q70.1)	F2 d	[H] F2-D
2.4	あなたは一般に，三世代同居は望ましいことだと考えますか	v250	42	Sb-Q30	Q38	D4	[H] D4
2.5	長男が，多くの財産を相続するべきだ	v215	18. [QV3] c	Sb-Q35-C	Q69.3)	F2 b	[H] F2-B
2.6	親の世話をした子どもが，多くの財産を相続するべきだ	v216	18. [QV3] d	Sb-Q35-D	Q69.4)	F2 c	[H] F2-C
2.7	どのような状況においても，父親の権威は尊重されるべきだ	v213	18. [QV3] a	Sb-Q35-A	Q69.1)	F2 a	[H] F2-A
2.8	妻にとっては，自分自身の仕事よりも，夫の仕事の手助けをする方が大切である	v209	17. [QV2] a	Sb-Q40-A	Q68.1)	E3 a	[H] E3-A
2.9	夫は外で働き，妻は家庭を守るべきだ	v210	17. [QV2] b	Sb-Q40-B	Q68.2)	E3 b	[H] E3-B
2.10	景気がわるいときには，男性よりも女性を先に解雇してよい	v212	17. [QV2] d	Sb-Q40-D	Q68.4)	E3 d	[H] E3-D
2.11	夫婦の働き方	wrkst	—	I-Q1-1 I-Q3-1 I-Q3-2	Q54 Q54.1 Q54.2 Q54.3 Q54.9 Q54.10 Q54.12 Q54.15 Q50.1 Q43.4)	K5	[U/R] B1;B2;B3;C1a
2.11	夫婦の働き方	spwrkst	—	I-Q16 I-Q18-1 I-Q18-2	Q56 Q56.1 Q56.2 Q56.3 Q56.10 Q56.11 Q56.15 Q53.1	K7	[U/R] D6b
2.12	子どものしつけや教育については，主にどなたが決めていますか（決めていましたか）	v237	30. [QK5] a	Sb-Q54-A	Q81.1)	H3 a	[H] H3-A
3.1	子どもの数	v17	3. [QF3]	I-Q35	Q47.1	B5	[H] B4a
3.1	子どもの数	v18	3. [QF3]	I-Q35	Q47.2	B5	[H] B4a
3.2	一般に，家庭にとって理想的な子どもの数は何人だと思いますか	v251	44	Sb-Q29	Q39	D7	[H] D7
3.3	もし，子どもを1人だけもつとしたら，男の子を希望しますか，女の子を希望しますか	v200	14. [QN2]	Sb-Q28	Q35	D5	[H] D5
3.4	結婚しても，必ずしも子どもをもつ必要はない	v203	16. [QV1] b	Sb-Q38-B	Q67.2)	E2 b	[H] E2-B

3.5	家系の存続のためには，息子を少なくとも1人もつべきだ	v217	18. [QV3] e	Sb-Q35-E	Q69.5)	F1 f	[H] F1-F
4.1	結婚している男性は，結婚していない男性より幸せだ	v204	16. [QV1] c	Sb-Q38-C	Q67.3)	E2 c	[H] E2-C
4.2	結婚している女性は，結婚していない女性より幸せだ	v205	16. [QV1] d	Sb-Q38-D	Q67.4)	E2 d	[H] E2-D
4.3	夫は，妻より年上であるべきだ	v202	16. [QV1] a	Sb-Q38-A	Q67.1)	E2 a	[H] E2-A
4.4	夫と妻の年齢差	age	−	I-page 1	Q43.3)	A2	[U/R] A2
		spage	−	Sb-Q48	Q43.3)	A6	[H] A1
4.5	結婚するつもりがなくても，男女が同棲するのはかまわない	v206	16. [QV1] e	Sb-Q38-E	Q67.5)	E2 e	[H] E2-E
4.6	結婚生活がうまくいかなくなったら，たいていの場合，離婚するのが一番よい	v208	16. [QV1] g	Sb-Q38-G	Q67.7)	E2 g	[H] E2-G
4.7	離婚したくても，子どもが大きくなるまで待つべきだ	v207	16. [QV1] f	Sb-Q38-F	Q67.6)	E2 f	[H] E2-F
5.1	あなたは配偶者の方とどのようなかたちで出会いましたか	v228	26. [QH1]	Sb-Q57-1	Q77	G4	[H] G2
5.2	どなたがお相手を紹介したり，見合いの準備をしたりしましたか	v229	26-1. [QH1.1]	Sb-Q57-2-A	Q77.1	G4a	[H] G2a
5.3	どこで配偶者の方と出会いましたか	v230	26-2. [QH1.2]	Sb-Q57-2-B	Q77.2	G4b	[H] G2b
5.4	あなたが配偶者の方との結婚を決めた時，あなたの親の意見はどの程度影響しましたか	v231	27. [QH3]	Sb-Q59	Q78	G5	[H] G3
5.5	現在の結婚は，あなたにとって初めての結婚ですか	v225	24. [QG2]	Sb-Q46	Q75	G2	[U/R] D3
5.6	あなたの配偶者は，あなたの悩みを聞いてくれますか	v232	28. [QV8] a	Sb-Q52	Q79.1)	H1 a	[H] H1-A
5.7	あなたの配偶者は，あなたに悩みを打ち明けてくれますか	v233	28. [QV8] b	Sb-Q53	Q79.2)	H1 b	[H] H1-B
5.8	あなたは，現在の結婚生活に全体として満足していますか	v240	31. [QW1]	Sb-Q56	Q82	H5	[H] H5
6.1	あなたの家では，あなたを含めて家族一緒に夕食をとることがどのくらいありますか	v221	21. [QW3]	Sb-Q42	Q72	F6	[H] F5
6.2	あなたの家では，あなたを含めて家族一緒にレジャー活動を行なうことがどのくらいありますか	v222	22. [QW4]	Sb-Q43	Q73	F7	[H] F6
6.3	男性はもっと家事をするべきだ	v211	17. [QV2] c	Sb-Q40-C	Q68.3)	E3 c	[H] E3-C
6.4	あなたは，どのくらいの頻度で家事をしていますか（既婚者）	v197	13. [QK1] a	Sb-Q5-A	Q65.1)	D3 a	[H] D3-A
		v198	13. [QK1] b	Sb-Q5-B	Q65.2)	D3 b	[H] D3-B
		v199	13. [QK1] c	Sb-Q5-D	Q65.3)	D3 c	[H] D3-C
6.5	あなたは，どのくらいの頻度で家事をしていますか（未婚者）	v197	13. [QK1] a	Sb-Q5-A	Q65.1)	D3 a	[H] D3-A
		v198	13. [QK1] b	Sb-Q5-B	Q65.2)	D3 b	[H] D3-B
		v199	13. [QK1] c	Sb-Q5-D	Q65.3)	D3 c	[H] D3-C
7.1	子どもの住居との距離	v100, v107, v114, v121, v128, v135, v142	5. [QF5] 1～7 (5)	I-Q36-D	Q48.5)	B6 (5)	[H] B5-e
7.2	親の住居との距離	v150	6. [QQ1] a. (6)	I-Q31-E	Q49.6)	B7 1 (4)	[H] B6-1d
		v158	6. [QQ1] b. (6)	I-Q31-E	Q49.6)	B7 2 (4)	[H] B6-2d
7.3	未婚の男性は，自分の親を経済的に支援すべきだ	v177	7. [QQ4] a	Sb-Q32-A	Q59.1)	C1 a	[H] C1-A
7.4	未婚の女性は，自分の親を経済的に支援すべきだ	v178	7. [QQ4] b	Sb-Q32-B	Q59.2)	C1 b	[H] C1-B
7.5	結婚した男性は，自分の親を経済的に支援すべきだ	v179	7. [QQ4] c	Sb-Q31-A	Q59.3)	C1 c	[H] C1-C
7.6	結婚した女性は，自分の親を経済的に支援すべきだ	v180	7. [QQ4] d	Sb-Q31-B	Q59.4)	C1 d	[H] C1-D

7.7	結婚した男性は，妻の親を経済的に支援すべきだ	v181	7. [QQ4] e	Sb-Q33-A	Q59.5)	C1 e	[H] C1-E
7.8	結婚した女性は，夫の親を経済的に支援すべきだ	v182	7. [QQ4] f	Sb-Q33-B	Q59.6)	C1 f	[H] C1-F
7.9	一般的に，年老いた親の世話は，どの子どもに責任があると思いますか	v201	15. [QQ7]	Sb-Q34	Q66	D6	[H] D6
7.10	あなたの親の世話については，主にどなたが決めていますか（決めていましたか）	v238	30. [QK5] b	Sb-Q54-B	Q81.2)	H3 b	[H] H3-B
7.11	過去1年間に，あなたはご自身の親へ，経済的な支援をどの程度しましたか	v183	8. [QQ2] a	Sb-Q37-2-A	Q60.1)	C2 a	[H] C2-A
7.12	過去1年間に，あなたはご自身の親へ，家事や介護の支援をどの程度しましたか	v184	8. [QQ2] b	Sb-Q37-2-B	Q60.2)	C2 b	[H] C2-B
7.13	過去1年間に，あなたの親はあなたへ，経済的な支援をどの程度しましたか	v185	9. [QQ3] a	Sb-Q37-3-A	Q61.1)	C3 a	[H] C3-A
7.14	過去1年間に，あなたの親はあなたへ，家事や育児の支援をどの程度しましたか	v186	9. [QQ3] b	Sb-Q37-3-B	Q61.2)	C3 b	[H] C3-B
7.15	親との援助関係ときょうだい順位	v5	2. [QF2]	I-Q32-1	Q45	B3	[U/R] D9-A1
		v6	2. [QF2]	I-Q32-1	Q45	B3	[U/R] D9-B1
		v7	2. [QF2]	—	Q45	B3	[U/R] D9-C
		v8	2. [QF2]	I-Q32-1	Q45	B3	[U/R] D9-D1
		v9	2. [QF2]	I-Q32-1	Q45	B3	[U/R] D9-E1
7.16	過去1年間に，あなたはもっともよく接している子どもへ，経済的な支援をどの程度しましたか	v189	10-2. [QQ12] a	Sb-Q65-A	Q62.2.1)	C5 a	[H] C5-A
7.17	過去1年間に，あなたはもっともよく接している子どもへ，家事や育児の支援をどの程度しましたか	v190	10-2. [QQ12] b	Sb-Q65-B	Q62.2.2)	C5 b	[H] C5-B
7.18	過去1年間に，もっともよく接している子どもはあなたへ，経済的な支援をどの程度しましたか	v191	10-3. [QQ13] a	Sb-Q66-A	Q62.3.1)	C6 a	[H] C6-A
7.19	過去1年間に，もっともよく接している子どもはあなたへ，家事や介護の支援をどの程度しましたか	v192	10-3. [QQ13] b	Sb-Q66-B	Q62.3.2)	C6 b	[H] C6-B
7.20	過去1年間に，あなたは配偶者の親へ，経済的な支援をどの程度しましたか	v193	11. [QQ9] a	Sb-Q55-2-A	Q63.1)	C7 a	[H] C7-A
7.21	過去1年間に，あなたは配偶者の親へ，家事や介護の支援をどの程度しましたか	v194	11. [QQ9] b.	Sb-Q55-2-B	Q63.2)	C7 b	[H] C7-B
7.22	過去1年間に，配偶者の親はあなたへ，経済的な支援をどの程度しましたか	v195	12. [QQ10] a	Sb-Q55-3-A	Q64.1)	C8 a	[H] C8-A
7.23	過去1年間に，配偶者の親はあなたへ，家事や育児の支援をどの程度しましたか	v196	12. [QQ10] b	Sb-Q55-3-B	Q64.2)	C8 b	[H] C8-B
7.24	配偶者の親との援助関係ときょうだい順位	v5	2. [QF2]	I-Q32-1	Q45	B3	[U/R] D9-A1
		v6	2. [QF2]	I-Q32-1	Q45	B3	[U/R] D9-B1
		v7	2. [QF2]	—	Q45	B3	[U/R] D9-C
		v8	2. [QF2]	I-Q32-1	Q45	B3	[U/R] D9-D1
		v9	2. [QF2]	I-Q32-1	Q45	B3	[U/R] D9-E1

索　引

A-Z

AsiaBarometer　　i, ii, 96, 97
Asian Barometer　　i, ii
East Asia Barometer　　i, ii, 96, 97
East Asian Social Survey　　i, ii, iii, iv, 2-12, 97, 98, 103
East Asia Value Survey　　i, ii, 96, 97
General Social Survey　　i
International Social Survey Programme　　i, ii, 2, 96, 97, 99, 100, 101
Japanese General Social Surveys　　i, iii, iv, 1-7, 96, 97
Social Stratification and Social Mobility Survey　　i, ii
World Values Survey　　i, ii, 96, 97, 99, 100, 101

あ行

アジア・バロメーター（AsiaBarometer）　　i, ii, 96, 97
アジアン・バロメーター（Asian Barometer）　　i, ii
夫方優先　　16
親の世話　　19, 78, 79, 91

か行

家系の継承　　14, 17, 18, 20, 31, 33, 50
家事　　5, 60, 62, 63-65, 66-67, 81, 83, 87, 89, 91, 93
家族人数　　8, 9
教育　　8, 26
きょうだい順位　　84, 94
距離　　57, 70, 71
近居　　70, 71
経済的援助　　72-77, 80, 82, 86, 88, 92, 94
結婚相手　　46-49, 50, 76, 90
結婚生活　　14, 37, 42, 56
結婚満足度　　56-57
孝行　　72-77
幸福　　14, 36, 37, 56-57,
婚姻状態　　8, 9, 11, 12, 51

さ行

再婚　　51
三世代同居　　10, 17
しつけ　　26
実践的援助　　81, 83, 84, 87, 89, 91, 93, 94
社会階層と社会移動調査（Social Stratification and Social Mobility Survey）　　i, ii
出生　　28-33
少子化　　28, 36, 41, 78
初婚　　51

スケール　　2, 4, 5, 96, 97
性別役割分業　　22, 23, 24
世界価値観調査（World Values Survey）　　i, ii, 96, 97, 99, 100, 101
世帯類型　　10, 11
世代間援助　　70-95
総合的社会調査（General Social Survey）　　i
相続　　18, 19
相談相手　　52

た行

男性の家事　　62, 63
父親の権威　　20
中心点　　96-98
長男　　18, 19, 78, 84, 85, 94, 95
出会い　　46-49
同居率　　9, 10, 70, 71
同棲　　12, 41
共働き　　24, 25, 64, 65

な行

日本版総合的社会調査（Japanese General Social Surveys）　　i, iii, iv, 1-7, 96, 97

は行

配偶者の親　　90-94
働き方　　21, 22, 23, 24
東アジア価値観国際比較調査（East Asia Value Survey）　　i, ii, 96, 97
東アジア社会調査（East Asian Social Survey）　　i, ii, iii, iv, 2-12, 97, 98, 103
東アジア・バロメーター（East Asia Barometer）　　i, ii, 96, 97
夫婦関係　　46, 52-57
夫婦の年齢差　　38-40
父系制　　16, 20, 30, 33
別居　　9, 67, 70, 71
翻訳　　2, 5, 99-101

ま行

満足感（満足度）　　37, 54, 56, 57
見合い　　46-50
息子　　18, 30-31, 33, 72, 74, 76, 78, 86-89
娘　　30-31, 73, 75, 77, 78, 86-89

や行

夕食　　60, 63-67

ら行

離婚　12, 42, 43, 56
理想の子ども数　29
レジャー活動　61
老親扶養　78, 84

データで見る東アジアの家族観
東アジア社会調査による日韓中台の比較

2009 年 3 月　1 日　　初版第 1 刷発行	(定価はカヴァーに表示してあります)
2014 年 6 月 10 日　　初版第 1 刷発行	

編　者　　岩井紀子
　　　　　保田時男
発行者　　中西健夫
発行所　　株式会社ナカニシヤ出版
〒606-8161　京都市左京区一乗寺木ノ本町 15 番地
　　　　　Telephone　　075-723-0111
　　　　　Facsimile　　075-723-0095
　　Website　http://www.nakanishiya.co.jp/
　　E-mail　iihon-ippai@nakanishiya.co.jp
　　　　　郵便振替　　01030-0-13128

装幀＝白沢　正／印刷＝ファインワークス／製本＝兼文堂
Copyright © 2009 by N. Iwai & T. Yasuda
Printed in Japan.
ISBN978-4-7795-0371-9

本書のコピー，スキャン，デジタル化等の無断複製は著作権法上の例外を除き禁じられています。本書を代行業者等の第三者に依頼してスキャンやデジタル化することはたとえ個人や家庭内での利用であっても著作権法上認められていません。